中国名村志文化工程
Culture Project of Local Records of China's Famous Villages

古现东村志

LOCAL RECORDS OF GUXIANDONG

山东省烟台经济技术开发区古现街道古现东村志编纂委员会 编

方志出版社
Publishing House of Local Records

图书在版编目（CIP）数据

古现东村志 / 山东省烟台经济技术开发区古现街道古现东村志编纂委员会编 . -- 北京：方志出版社，2017.12

（中国名村志丛书）

ISBN 978-7-5144-2792-9

Ⅰ. ①古… Ⅱ. ①山… Ⅲ. ①村史—烟台 Ⅳ. ①K295.25

中国版本图书馆 CIP 数据核字（2017）第 305172 号

· 中国名村志丛书 ·

古现东村志

编　　者：	山东省烟台经济技术开发区古现街道古现东村志编纂委员会
责任编辑：	王　品
出 版 人：	冀祥德
出 版 者：	方志出版社
	地址　北京市朝阳区潘家园东里 9 号（国家方志馆 4 层）
	邮编　100021
	网址　http://www.fzph.org
发　　行：	方志出版社图书经销中心
	电话　（010）67110500
经　　销：	各地新华书店
排　　版：	北京纺印图文设计制作有限公司
印　　刷：	北京中科印刷有限公司
开　　本：	787 × 1092　1/16
印　　张：	13.75
字　　数：	236 千字
版　　次：	2017 年 12 月第 1 版　2017 年 12 月第 1 次印刷

ISBN 978-7-5144-2792-9　　**定价：**110.00 元

◉ 序一

连绵不断地编修地方志是中国独有的优秀文化传统，承担着赓续文明、传承文化的重任。保存至今的8000余种、10万余卷历代方志，蕴含着传统文化基因和海量文化信息，既是中华优秀传统文化的重要组成部分，又是传承、彰显中华优秀传统文化的重要载体。

在各种类型的地方志编纂中，村志编纂古已有之，但从未进入国家层面的地方志编纂序列。新中国成立以来，党中央、国务院高度重视包括村志编纂在内的地方志工作，出台了重要文件。中央领导发表了重要讲话、作出了重要批示。习近平总书记高度重视包括村志编纂在内的地方志工作。2004年10月，他在担任浙江省委书记时到江山市凤林镇白沙村考察，看到村民编纂的《白沙村志》，鼓励村民把村志继续编纂下去。2014年4月，刘延东副总理在与第五次全国地方志工作会议部分会议代表座谈时指出："要结合发展的新形势，加强对地方志包括部门志、行业志、专题志、乡镇村志编纂的业务指导和服务。"2015年8月，国务院办公厅印发的《全国地方志事业发展规划纲要（2015—2020年）》，正式将中国名村志文化工程列为主要任务之一。2017年5月，中共中央办公厅、国务院办公厅印发的《国家"十三五"时期文化发展改革规划纲要》指出："完成省、市、县三级地方志书出版工作。开展旧志整理和部分有条件的镇志、村志编纂。"可以说，村志编纂迎来了历史上的最好时期。

农业、农村、农民"三农"问题，是数千年来影响中国社会发展最核心的问题。中共中央高度重视"三农"工作，从2004年起，连续13年，每年的中央1号文件都聚焦"三农"。中共十九大报告更是提出"农业农村农民问题是关系国计民生的根本性问题，必须始终把解决好'三农'问题作为全党工作重中之重"，特别是提出了"乡村振兴战略"，这是中国共产党在中国特色社会主义进入新时代后，对农村发展问题所做出的准确把握和与时俱进的战略应对，是建设中国特色社会主义强国战略的重要组成部分。改革开放近40年来，在党中央、国务院高度重视社会主义新农村建设的新形势下，各地涌现出一大批历史文化名村、经济强村、新农村建设示范（试点）村、美丽乡村和特色村，成为先进生产力和先进文化的代表。客观记录中国农村全面建成小康社会的进程，向后人展示在中国共产党领导下农村千年未有的巨变，是地方志工作者肩负的光荣而重大的历史使命。编纂中国名村志丛书，是记载当代中国农村发展变革的重要途径。

文化寻根，寻的是其发展的源头和根基。村落是中国传统文化的根基所在。农村的生产生活方式、社会规范、宗族文化、宗教文化、民风习俗、传统节日、民间艺术等，无不镌刻着中国人独特的民族性格，这就是家国情怀、文脉绵延、精神归属。在快速城镇化进程的冲击和开发性破坏下，大量传统村落面临消亡的危机，村落蕴含的历史文化信息也流失殆尽，抢救性保护刻不容缓。编纂中国名村志丛书，是保存村落历史文化信息，抢救、保护村落文化最好的方式。

一方水土养一方人。家乡的山水草木、村间小巷、乡俗民情会在每个人心头留下深刻的烙印，这就是故土情结。而村落的形成与发展离不开人的活动。编纂中国名村志丛书，通过记述村落建筑、名门望族来追溯村落的历史；通过记述村落规模、布局、人口、物产等反映人口来源、宗族兴衰、生活习惯、文化背景、宗教信仰、经济发展等，体现环境与人相互影响、相互作用、相互发展的既矛盾又统一的关系；通过记述戏剧、音乐、舞蹈、美术、文学、手工技艺等文化形式，展示百姓在长期的生产生活实践中摸索和总结出的智慧结晶，强化人们沟通感情的纽带。编纂中国名村志丛书，是传承乡俗、诉说乡音、记住乡愁、纾解乡思，激活历史传统、唤起共同文化记忆、塑造共同心灵认同的重要文化工程。

中国名村志文化工程以践行文化自信、传承中华文脉、彰显时代发展为己任，以打造全国地方志系统的重要品牌为目标，在体裁运用、篇目设置、资料选择等方面进行大量的创新，突出“名”和“特”，拣选各个名村中最值得记述、最具有代表性的人、事、物，予以浓墨重彩的描画，从而形成系列的、高质量的、可读性强、雅俗共赏的地方志读本，让地方志紧接地气、贴近百姓，让地方志成果进入寻常百姓家，让人民群众共享地方志成果，让越来越多的人从地方志中感知传统、历史和记忆，成为传统村落和传统文化的守护者，成为中华优秀文化的传承者。

是为序。

中国社会科学院院长
中国地方志指导小组组长 王伟光
2017年11月

◉ 序二

习近平总书记指出："让居民望得见山，看得见水，记得住乡愁。"这句富有诗意的重要论述不仅唤醒了中国人城镇化建设过程中对于人和自然关系、人和历史关系的思考，同时也引发了学界对"乡愁"进一步进行文化意义解读的兴趣。从本质上看，乡愁是一种源自主体体验的情感，隐含了一种人们带着乡愁追寻自我生存与生命意义、追寻诗意栖居的精神家园的美学思辨。同时，这种追寻自我生存的主体逐渐转向大众群体，乡愁也由传统单一的"文化乡愁""爱国情怀"演变为对于"理想家园"的精神追求。

中国有近60万个村庄，约有5000个古村落，被住房城乡建设部和国家文物局界定的传统村落就有1561个。随着中国城镇化步伐的加快，乡村的版图日渐凋敝，大批农村青壮年劳动力走进城镇，融入了新的生活。然而，每逢传统佳节，那种挥之不去的离愁别绪挟裹着亿万农民工，又融入了返乡的滚滚洪流。这是乡愁的情愫牵动着他们，是故乡的山、故乡的水、故乡的老屋、故乡的小吃在牵动着他们，是故乡家家户户的楹联和口口相传的故事，以及只有在隆重的传统佳节才有的古老的民风习俗在牵动着他们。

文化可以体现一个民族、一个国家、一个社会的重量与体温，这是文化的力量之所在，而村落是传统中国的根脉所系，乡土社会是最能够体现中国传统文化特征的地方。梁漱溟曾指出："中国文化是以乡村为本，以乡村为重，所以中国文化的根就是乡村。"我曾在《建设社会主义新农村的理论与实践》一书中指出，在新农村建设的过程中，必须"保护和发展有地方和民族特色的优秀传统文化，创新农村文化生活的载体和手段，满足农民群众多层次、多方面的精神文化需求"，而编纂村志尤其是实施中国名村志文化工程就是一个重要举措。实施中国名村志文化工程，编纂中国名村志丛书，以最基层的村落为研究对象，寻根传统村落的历史，梳理村落的发展脉络，以唤起人们的归属感和认同感，探索新型城镇化和社会主义新农村建设过程中，如何留住乡音、乡风、乡思，继承传统文化精华，挖掘丰富历史智慧，是贯彻落实中央城镇化工作会议精神和中共十九大提出的“乡村振兴战略”的重要举措，是当前和今后一个时期全国地方志工作者的重要工作。

虽然村落文化正在日益远离当下生活，但我们可以抓住诸如基本村情、文物胜迹、古村保护、特色文化、旅游名胜、村域经济、风土民情、村民生活、新农村建设、艺文杂记、名人与名村等关键内容，通过志书的手法来诠释乡村文化的精华。我们如实记录着村落里的人和事，以及青山绿水、小河大树、袅袅炊烟，力争以最完整、最原真的方式呈现村落的前世今生。我们要为“迷失”的人留住乡村文化的根脉，让人们难以割舍的乡愁得以慰藉和释放。

中国名村志文化工程将触角伸向那些极具代表性的村落，它们有的历史悠久、名人辈出，有的经济腾飞、重获新生，有的风景秀丽、景观独特，有的地处边陲、神秘莫测……我们挖掘中国不同类型村落的发展之路，为探索新型城镇化和社会主义新农村建设的发展经验、发展模式、前进道路提供历史智慧和现实借鉴。因此，打造以重在表现乡村嬗变为主旨的中国名村志丛书十分必要和迫切，这是一项功在当代、利在千秋的文化工程。

近年来，随着中国经济社会的发展和国际地位的提高，越来越多的人想要认识中国、了解中国、研究中国。在这样的形势下，乡村是不可或缺的一环，我们要集中讲好发生在乡村的故事，向世界呈现一个多元的、立体的中国。乡村历经岁月变迁的风雨，见证着改革开放的步伐，寄托着数代中国人的情感。发生在乡村的故事无疑是血肉丰满的、震撼人心的、引起共鸣的。我们应该有这个自信能够讲好乡村故事，讲好中国故事，描绘出中国的底色，“让每一个中国人都能在地方志中找到自己的位置”。

可喜的是，越来越多的有识之士认识到了这一点，加入到保护、传承、发展村落文化的队伍中来。仅就编纂中国名村志丛书来看，第一批的申报范围就涵盖包括香港特别行政区在内的32个地区，申报数量高达70余部。“直笔著信史，彰善引风气，为当代提供资政辅治之参考，为后世留下堪存堪鉴之记述”，这是我们的初心和使命。希望中国名村志文化工程的实施，能够带动更多的人关注中国乡村文化，为社会主义文化强国建设作出更大的贡献。也希望越来越多的名村都来融入继承中华文化传统、颂扬中华传统文化的活动中，让正能量更多地润泽温暖人们的心灵，让更多的人“记得住乡愁”！

是为序。

中国社会科学院副院长
中国地方志指导小组常务副组长

2017年11月

◉ 中国名村志文化工程专家委员会

名 誉 主 任　徐匡迪

主　　　任　王伟光

常务副主任　李培林

委　　　员（按姓氏笔画排序）

毛其智　叶裕民　李　铁　李善同　杨保军　柳　拯

倪鹏飞　魏后凯

◉ 中国名村志文化工程学术委员会

主　　　任　李培林

常务副主任　冀祥德

副　主　任　刘玉宏　邱新立

委　　　员（按姓氏笔画排序）

于伟平　王　晖　王铁鹏　巴兆祥　田　嘉　苏炎灶

李　江　李孝聪　张大伟　张英聘　陈泽泓　陈　强

◉中国名村志丛书编纂委员会

◉中国名村志丛书编纂委员会办公室

◉ 山东省烟台经济技术开发区古现街道古现东村志编纂委员会

顾　　问　刘爱军　翟世林　李　刚　王曰义　季胜林

主　　任　王培海

副 主 任　于复晓　刘　维　黄贤中　邹天峰

委　　员　遇方庆　张力军　许正本　王明忠

学术顾问　吕伟达　陈学真　蔡乐成

◉ 山东省烟台经济技术开发区古现街道古现东村志编纂人员

特邀编审　李天程　李迎春　范宇明　谈洪奎

编　　审　王明忠

主　　编　刘建国　陈　政

执行主编　徐志明

副 主 编　王瑞圭　王　静

编　　辑　王金磊　于雪梅　王洪岩　王翠萍

图片摄影　刘建国　刘　华　吕静波

磁山风光

◉ 中国名村志丛书凡例

一、以马克思列宁主义、毛泽东思想、邓小平理论、“三个代表”重要思想、科学发展观、习近平新时代中国特色社会主义思想为指导，坚持辩证唯物主义和历史唯物主义的立场、观点和方法，存真求实，全面、客观、系统记述我国村落发展变化进程和改革开放成果，传承和抢救乡土历史文化，激发爱国爱乡情怀，为探索中国特色新型城镇化建设、社会主义新农村建设的发展经验、发展模式、前进道路提供历史智慧和现实借鉴。

二、为全面反映入志事物发展脉络，各志上限尽量追溯至事物发端；下限一般断至各村志启动编修年份，个别重大事项可延至搁笔。

三、记述地域范围以下限年份的行政辖区为主。为体现名村在更大区域内的意义，可以从更开阔的区域视野记述与该村相关的内容。

四、统一采用纲目体，设类目、分目、条目三个层次。横排门类，纵述史实。除《中国名村志丛书基本篇目》要求的必设类目外，其余类目根据各村实际，依照突出时代特色、地方特色的原则自行安排。

五、综合运用述、记、志、传、图、表、录等各种体裁，以志体为主。

六、除引用文字和附录文献资料外，统一使用规范汉字及现代语体文记述体。记事坚持秉笔直书、述而不作，只记事实，不作评论，寓观点于材料之中。行文力求朴实、严谨、简洁、流畅、优美，具有较强可读性。

七、人物部类遵循“生不立传”原则，人物传主按生年排序，只选录对本村发展有重大影响的人物，不面面俱到。

八、所需数据一般采用政府统计部门数据，无政府统计部门数据时选用主管部门正式提供的数据。

九、数字用法、标点符号、计量单位分别执行国家标准《出版物上数字用法》（GB/T 15835—2011）、《标点符号用法》（GB/T 15834—2011）、《国际单位制及其应用》（GB 3100—1993）和《有关量、单位、符号的一般原则》（GB 3101—1993）。历史上使用的计量单位，如斗、石、里、尺、磅、华氏度等，在引文时可照录。考虑到社会使用习惯，全书中亩不统一换算，1 公顷＝ 15 亩。

十、自中华民国成立后的纪年，均使用公元纪年。志中所称“解放前（后）”，以当地解放日为界；“新中国成立前（后）”，以中华人民共和国成立日 1949 年 10 月 1 日为界；“改革开放前（后）”，以中共十一届三中全会召开的 1978 年 12 月为界。本志“×× 年代”，凡未加世纪者，均指 20 世纪的年代。

十一、为节省篇幅，避免重复，本志采用条目互见法。参见条目的表示形式为：参见本志“×× 类目·×× 分目·×× 条目”。

十二、对旧志、古籍中的繁体字、冷僻字一般用简化字或通用字替换，易引起误解的则保留。

十三、记述各个历史时期的党派、机构、职务、地名等，均以当时的名称为准。对频繁使用的名称，首次用全称，其后用简称。

十四、各村志需要单独说明的事项，均在各自编纂始末中记述。

古现东村在中国的位置

审图号：GS（2017）3697 号

古现东村在山东省的位置

1：3 350 000

审图号：GS（2017）3697 号

古现东村平面示意图

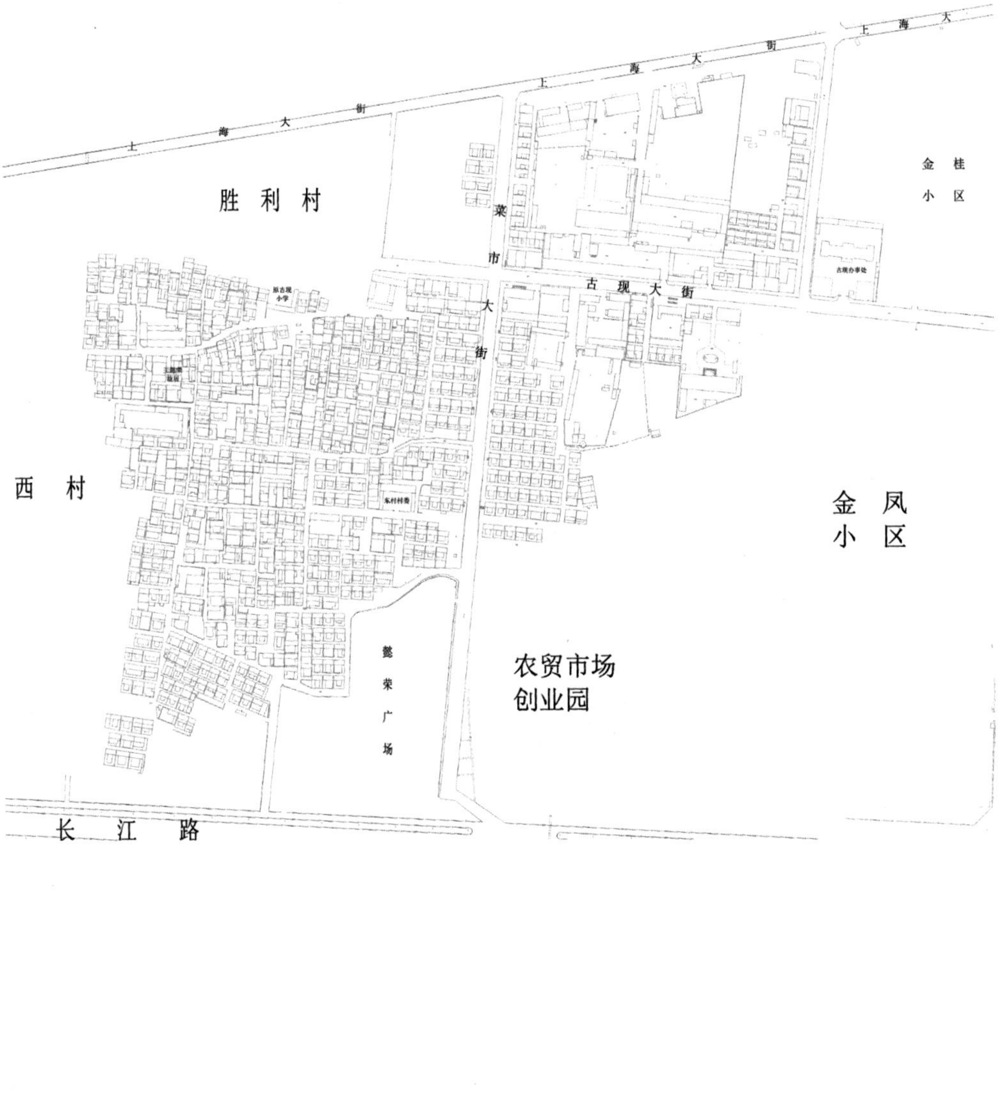
上海大街
上海大街
上海大
胜利村
金桂小区
菜市大街
古现大街
原古现小学
古现办事处
东村村委
西村
金凤小区
懿荣广场
农贸市场
创业园
长江路

古现东村全貌

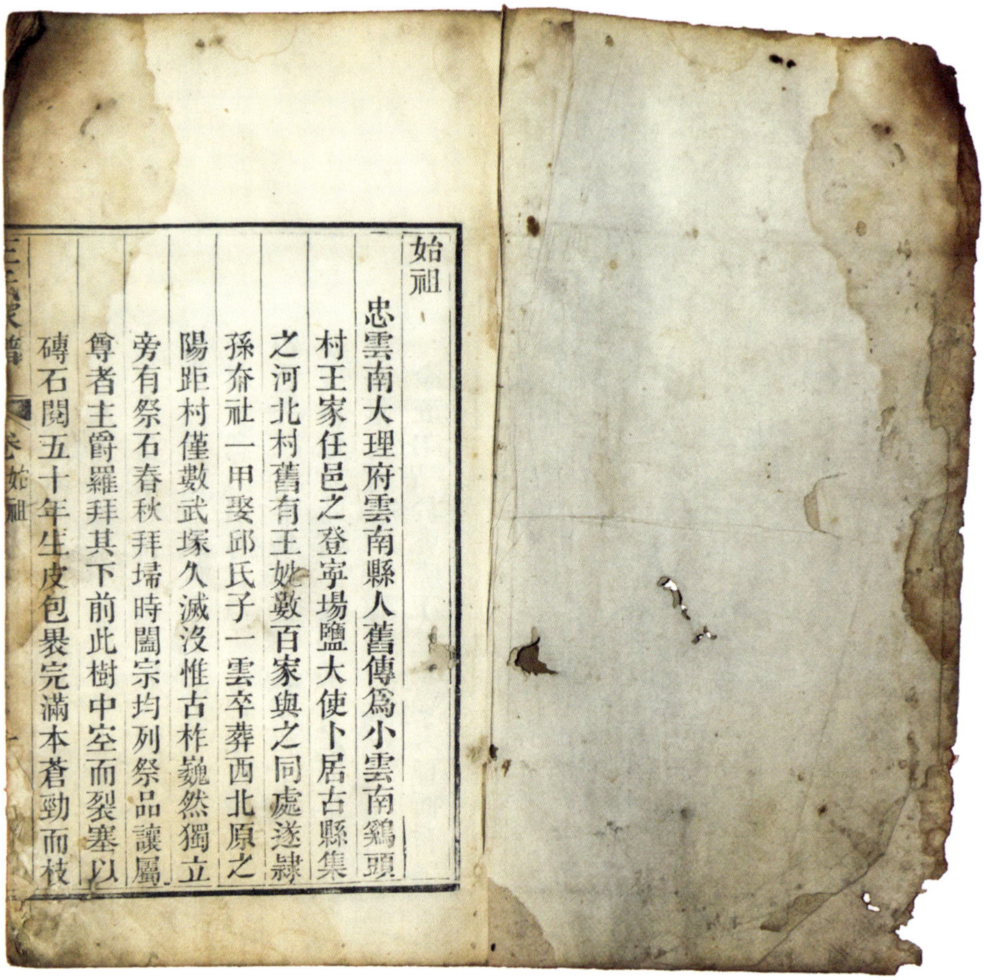
始祖
忠雲南大理府雲南縣人舊傳爲小雲南鷄頭
村王家任邑之登寧場鹽大使卜居古縣集
之河北村舊有王姓數百家與之同處遂隸
孫夯社一甲娶邱氏子一雲卒葬西北原之
陽距村僅數武塚久滅沒惟古柞巍然獨立
旁有祭石春秋拜埽時闔宗均列祭品讓屬
尊者主爵羅拜其下前此樹中空而裂塞以
磚石閱五十年生皮包裹完滿本蒼勁而枝

王氏家族族谱

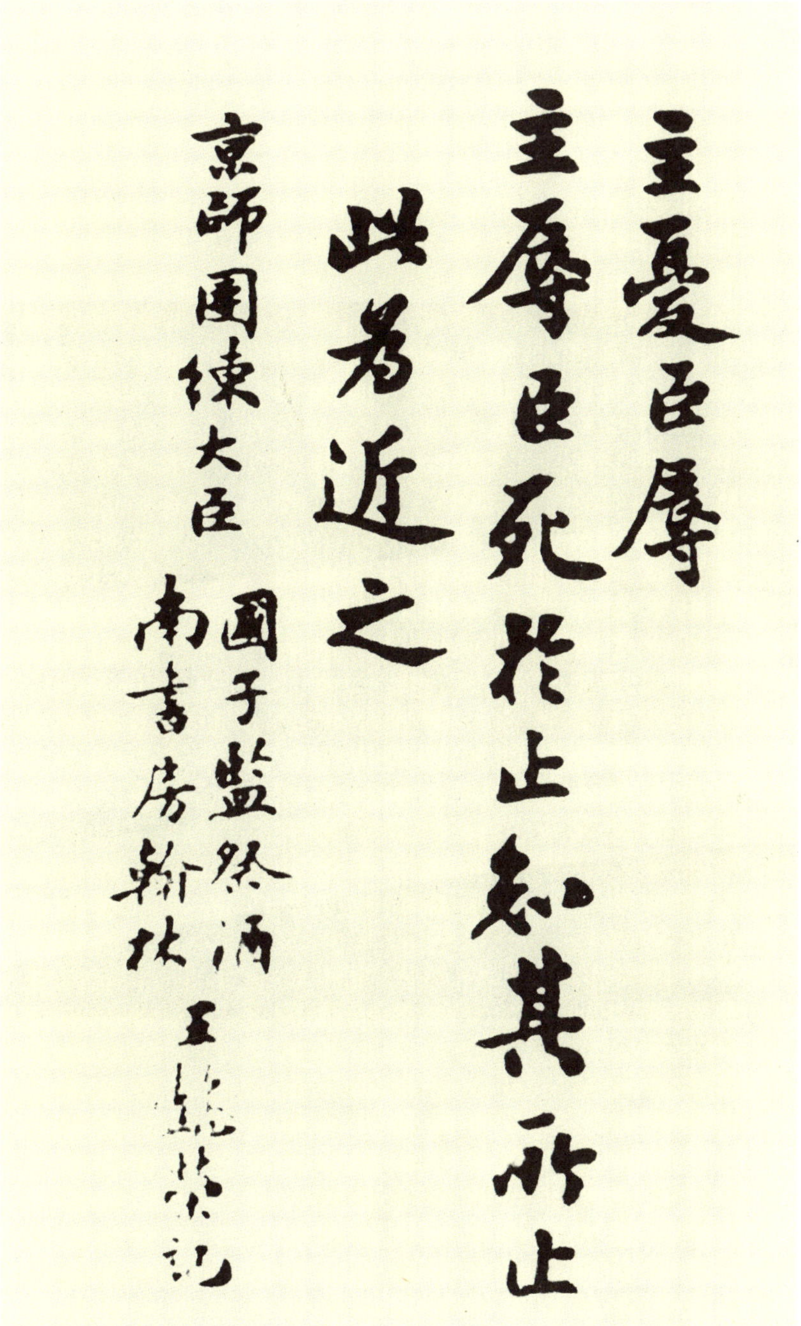
主憂臣辱
主辱臣死於止知其所止
此爲近之
京師團練大臣
國子監祭酒
南書房翰林
王懿榮記

王懿荣绝命词

葱烧海参

古现庙会

◉ 目录

千载灵秀地
烟台古现东

古现东村志

凤凰山下，黄金河畔，
千年古村，地灵人杰。

古现东村是胶东半岛一座滨海小村，位于山东省烟台经济技术开发区古现街道。她坐落于凤凰山下，北怀黄金河，西依磁山，东望大海，地灵人杰，向有“出斗米官之村”和文化名村之誉。

◉ 一

古现东村的历史最早可追溯到 2700 年前。商周时期，古现一带属莱国；春秋时为牟子国迁徙地；战国时为齐康公食邑；秦时为齐郡腄县地。

《史记》载，公元前 219—前 215 年，秦始皇曾三次东巡，均途经古现一带，“登之罘，立石刻，颂秦德”，涉水“柳林”，畅饮“圣水”，造访“古城”，展风“崱岦”，夜跸磁山，并于山半建“阴主祠”。其后，汉武帝为求长生不老之药，也屡屡造访此地。

西汉元朔三年（前 126）至北齐天保七年（556），古牟平县治所设此，故后称“古县”，后演为“古现”。在长达近 700 年作为县治的时间里，古现东村经济、文化日渐繁荣，最终发展成为胶东重镇。

◉ 二

明洪武年间（1368—1398），登宁盐课司大使王忠卜居河北村，繁衍生息，渐成望族；王忠“再传之后以明经登仕，版官县令者踵相接”，及八世王道增移居现址，更是声望日隆，科第绵绵。明清两季王氏家族先后考中二十七进士、六十三举人、五百一十五生员。其中为督抚者三，为翰林者六。

在这些科举英才之中，有敢于为民请命，为国分忧的“养素尚书”王鹭，有被百姓称为“白面包公”的王柔，有“清廉总督”王检、经学家王兆琛、金石学家王祖源、文学家王照圆等，而被誉为甲骨文之父、民族忠魂的王懿荣更是其中最杰出的代表。

今天，漫步古现东村，依稀可见燕山堂、有棣堂等王氏家族的居落遗迹，透过数百年历史烟云，尚且感受到其家族文化的厚重，同时也引发更多的思考和感悟。

◉ 三

“要想吃好饭，围着福山转”。古现还是鲁菜之一——福山菜的发祥地，这里依山傍海，物产丰饶，特别是小海鲜久负盛名。在古现，家家户户都做得一手好饭菜，“葱烧海参”“油爆海螺”“清炒花蛤”“全家福”等，名目繁多，不一而足。也正是这块烹饪热土孕育了一代又一代名厨高手，明清时期古现名厨就被宣旨入宫，为帝王烹制菜肴，其后，“古现帮”声名鹊起。新中国成立后，烹饪业快速发展，“古现帮”领头人王义均在老一代厨师的引领下，跻身祖国烹饪界名厨高手行列，先后出任北京丰泽园饭店技术总监、丰泽园饭店高级技术顾问，被国家贸易部授予“中国烹饪大师”称号。受其影响，“古现帮”日见壮大，古现一带村庄往往过半人口从事烹饪业，涌现出一批代代相传的烹饪世家和名师高手。

◉ 四

山华水秀，灵气所钟。千百年来，在这块古老的土地上，勤劳智慧的古现人胼手胝足，创造了一个又一个辉煌，而当外敌入侵，民族危亡关头，他们又表现出卓尔不凡的勇敢和强烈的爱国情怀。甲午战争期间，古现人在王懿荣带领下，办团练，筑堡垒，众志成城，及至北京城破，懿荣慨然投井殉国，展示了高贵的民族气节；抗日战争期间，古现民兵配合胶东八路军，出奇制胜，给日本侵略者以沉重打击，最终将其赶出家园。

新中国成立后，古现人民在中国共产党领导下，发展生产，重建家园，土地改革、农业合作化运动、农业基本建设、推行农村联产承包责任制等各项工作都走在前列。

中共十一届三中全会之后，古现人乘改革东风，调整产业结构，狠抓工商经济，开出一片新天地。2002 年划归烟台市经济技术开发区后，再次迎来发展机遇，全村经济迅速崛起。今天的古现东村已顺利实现产业转型，全面融入烟台临港经济发展板块，一个富裕、文明、现代化的社会主义新农村正向着美好未来阔步前行。

村情综述

古现东村历史悠久，周朝即有先民居住。两千多年间，朝代更迭，世事变幻，沧海桑田。新中国成立后，特别是改革开放以来，政通人和，经济繁荣，村民安居乐业，生活水平不断提高，村庄面貌焕然一新，呈现出勃勃生机。

区位　交通

古现东村位于山东省烟台经济技术开发区古现街道办事处驻地，北纬37° 34′，东经121° 07′。西靠烟台名峰磁山，南依崑嵛山脉之凤凰秀岭，北临黄金河，东望黄海。地理环境优越，山川秀美，气候宜人，宜居益业。

古现东村周边东与曲家庄和张家庄为邻，西与古现西村相接，南毗东龙夼村，北连胜利村，总面积2.64平方千米。

古现东村交通便捷，四通八达：北临成（威海成山头）龙（龙口）公路和上海大街，南接横贯东西的开发区长江路，东靠纵贯南北的开发区湘潭路，西接中（栖霞中桥）古（古现）公路。村庄东距烟台客运中心、火车站、高铁站、烟台港20千米左右，西距烟台蓬莱国际机场20千米。

建置沿革

古现东村所在地商、西周时属莱国；春秋时为牟子国迁徙地；战国时为齐康公食邑；秦时为齐郡腄县地。考古和文献资料证明，早在公元前

770 年（春秋时期）此地就有先人居住，至 2016 年已有 2786 年历史。

西汉元朔三年（前 126）至北齐天保七年（556），古牟平县治所设此，故后称“古县”，后演为“古现”。

由于曾为县治，人口繁盛，村庄过大，1945 年，按方位析为 3 个里，即古现东里、古现西里、古现北里，东里即东村。1948 年古现东里改称为古现东村。新中国成立后，1958 年 8 月，在合作化及后来的人民公社运动中，古现村划为古现东村、古现西村、古现北斗、古现胜利 4 个行政村。

南宋以后，古现一直为福山县所辖。新中国成立后，古现先后属北海专属福山县、文登专区福山县、烟台专区福山县。1983 年 11 月，烟台地区改为烟台市，撤销福山县建制，改为烟台市辖福山区，村随属福山区古现镇。2002 年 9 月 11 日，古现镇从福山区析出，划归烟台经济技术开发区，村属古现街道，称烟台经济技术开发区古现街道古现东村。

古现东村隶属变更一览表

表 1

<table>
<tr><th>历史时期</th><th>年代（年）</th><th>隶属</th><th>治所与政府、管委行政中心驻地</th></tr>
<tr><td>商、西周</td><td>约前 16 世纪—前 771</td><td>莱国地</td><td>—</td></tr>
<tr><td>春秋</td><td>前 770—前 476</td><td>牟子国</td><td>—</td></tr>
<tr><td>战国</td><td>前 475—前 221</td><td>齐康公食邑</td><td>—</td></tr>
<tr><td>秦</td><td>前 221—前 207</td><td>齐郡腄县</td><td>—</td></tr>
<tr><td>西汉</td><td>前 206—25</td><td>青州东莱郡牟平县</td><td rowspan="5">古现</td></tr>
<tr><td>东汉</td><td>25—220</td><td>青州东莱郡牟平县</td></tr>
<tr><td>三国（魏）</td><td>220—265</td><td>青州长广郡牟平县</td></tr>
<tr><td>西晋</td><td>265—316</td><td>青州东莱国牟平县</td></tr>
<tr><td>东晋</td><td>317—420</td><td>东牟郡牟平县</td></tr>
<tr><td>南北朝</td><td>420—581</td><td>东莱郡牟平县、文登县</td><td>牟平县治所先设古现，后迁今蓬莱境；文登县治所在今文登城</td></tr>
<tr><td>隋</td><td>581—618</td><td>东莱郡牟平县、文登县</td><td>郡治在掖县</td></tr>
<tr><td>唐</td><td>618—907</td><td rowspan="2">登州牟平、文登、清阳、蓬莱县</td><td>州治在蓬莱城，牟平县治在今牟平城，清阳县治在今福山城</td></tr>
<tr><td>五代</td><td>907—960</td><td>州、郡治在蓬莱城</td></tr>
<tr><td>北宋</td><td>960—1127</td><td>东牟郡牟平县、蓬莱县</td><td>州、府治在蓬莱城，福山县治在福山城</td></tr>
</table>

续表 1

历史时期	年代（年）	隶属	治所与政府、管委行政中心驻地
南宋、金	1127—1279	登州福山县	州、府治在蓬莱城
元	1271—1368	登州府福山县	
明	1368—1644	登州府福山县	
清	1644—1911	胶东道福山县	
中华民国	1912—1924	东海道福山县	福山城
	1925—1927	直隶山东省福山县	
	1928 年至 1945 年 7 月	胶东行政公署北海专署	
	1945 年 8 月至 1947 年 8 月	直隶山东省烟台市	
	1947 年 9 月至 1948 年 9 月	胶东行政公署北海专署	县人民政府移至县南境
	1948 年 10 月至 1949 年 9 月	—	县人民政府迁回福山城
中华人民共和国	1949 年 10 月至 1950 年 4 月	胶东行政公署北海专署	
	1950 年 5 月至 1956 年 3 月	文登专区福山县	福山城
	1956 年 4 月至 1958 年 9 月	莱阳专区福山县	
	1958 年 10 月至 1962 年 3 月	直隶烟台专区烟台市	
	1962 年 4 月至 1983 年 10 月	烟台专区福山县	福山城
	1983 年 11 月至 2002 年 8 月	烟台市福山区	
	2002 年 9 月—	烟台经济技术开发区	管委行政中心在海河社区中部

◉ 村落布局

村落呈长方形，南高北低。东西长 1500 米，南北宽 1000 米。有东西向主街 6 条，南北向主街 5 条。

新中国成立前，村庄没有统一规划，新中国成立后，特别是 20 世纪 80 年代后，开始街道整理、硬化。2008 年 10 月，由古现街道办事处投资重新整修村南北大街，在原柏油街面基础上改铺水泥街面。大街北依烟（烟台）龙（龙口）公路，南连烟台开发区长江路，全长 600 米，宽 30 米。2010 年，村内 11 条街道全部硬化、绿化、美化。

民居 古现东村民居布局坐北朝南，多数建有东西厢房，南有院墙和街门。旧时，普通村民房屋构造基本相同，皆为土石砖木结构。一般村民住宅矮小、狭窄，沿用木制条格式棂窗，屋内黑暗潮湿，透光差。建筑材料多为乱石、土坯，用泥浆黏结砌筑。坡面多用山草、麦秸苫成，称草房。

富家北屋、南屋多为 5 檩房架、挑檐出厦、起脊抱垅的瓦房。布局多为纵贯式，

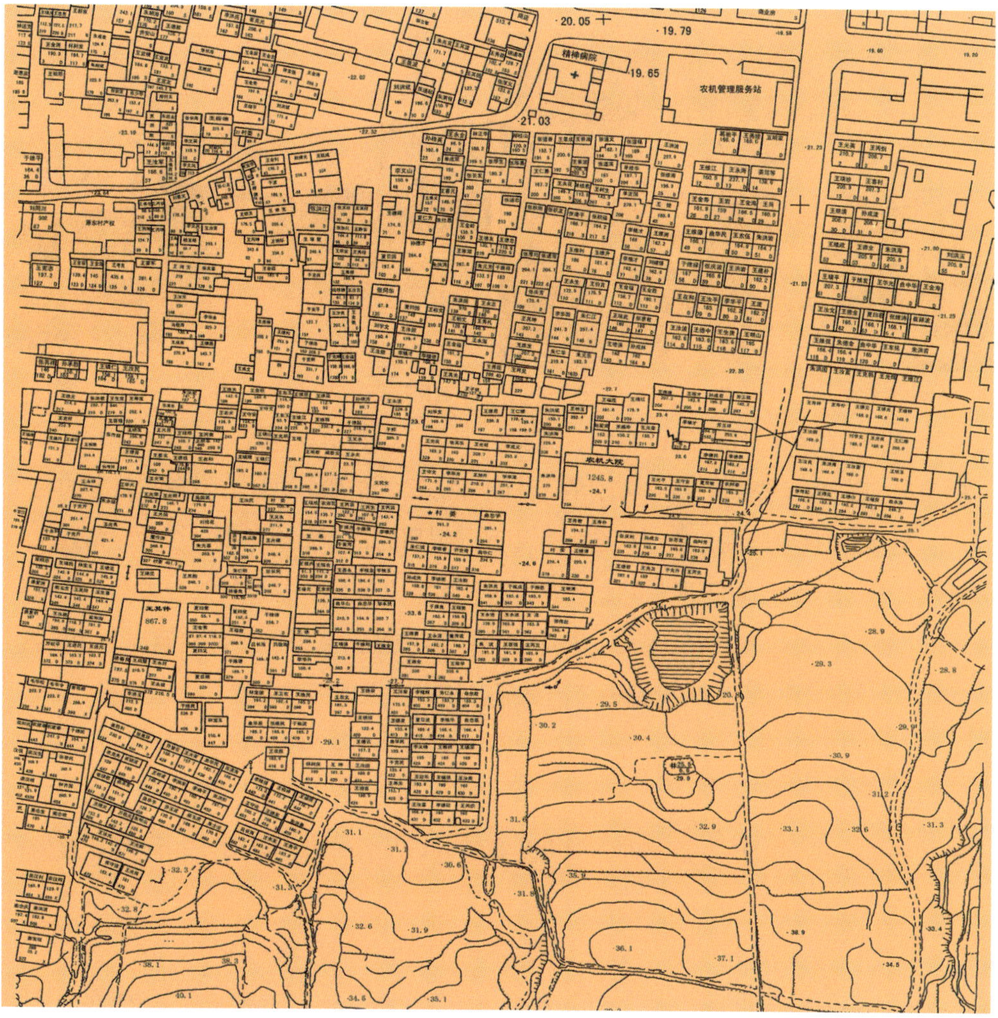

古现东村村落布局示意图

院落环口，屋宇栉比，宅深院大。建筑材料皆为精选的优质石料、砖瓦和东北红松，经过精凿细磨，达到丝合缝对，构成精良建筑体。

20 世纪 60 年代中后期，随着生活水平提高，民居建设逐年加快，质量也有所提高。所用建筑材料石灰砂浆代替泥浆，红瓦代替山草、麦秸。70 年代后期，村内新建住宅皆为瓦房。80 ～ 90 年代初，住宅结构布局和式样变化很大，地基、鬈墙、柱檄加高，梁头加长。墙壁用砖石砌成，用石灰、水泥灌浆黏合。不少富裕家庭屋宇建起混凝土铸成的框架结构，达到防震效果。水泥、钢筋、玻璃、油漆、涂料、塑钢、瓷砖、马赛克等建筑材料和装饰材料也被广泛使用，房屋皆为大门大窗，大间口，大跨

传统旧式民房

村民新居

度，带套间，宽敞明亮。内设客厅、寝室、书房、厨房、储藏室，有的还设卫生间。1983年，新村整体规划。1985年，在新村址建起22排426间宽敞明亮、整齐的村民住宅。到90年代中后期，住宅门窗皆改用坚固耐用的铝合金或塑钢，少数富裕人家开始建楼房住宅。2002年古现东村划入开发区，按照开发区的总体规划要求开始新村建设。2003年以后，一般居民家均安装太阳能、热水器，个别户安装空调等家用电器，内墙贴壁纸，加木墙围，地面铺设多为高级瓷砖或实木地板，装壁灯、吊灯等，厨房、卫生间贴瓷砖。

基础设施 1968年，村自备动力发电，每户安一盏电灯照明。村主要大街安装路灯。1976年，长电入户，各户可根据需要安装电灯及各种家用电器。2016年，村内路灯达150盏。

2008年，村投资10万元建起总面积1400平方米的篮球场和体育中心。

2005年9月，村居委会大院开始建设，建筑面积456平方米，房屋27间，设党

村委大院

支部、村委办公室，会议、接待室，综治办公室，劳保工作办公室，计生人口办公室，应急活动室，基础文化活动室，农家书屋等。

◉ 人口　姓氏

人口数量　新中国成立前，古现东村没有人口统计资料。新中国成立后，社会稳定，人民安居乐业，人口增长较快，1951 年，全村总户数达 250 户，人口 986 人。20 世纪 60 年代中期，开始实行计划生育，人口数量趋向稳定增长。2016 年，全村 427 户，人口 1247 人。1951—2016 年，村总人口净增 261 人，平均每年增加 4.02 人。

1951—2016 年部分年份古现东村户数和人口数统计表

表 2　　单位：户 、人

年份	户数	人口数	年份	户数	人口数
1951	250	986	1990	406	1253
1960	234	1003	2000	407	1123
1970	271	1267	2010	404	1172
1980	305	1289	2016	427	1247

说明：各年度人口数为户籍人口数

新中国成立初期，人口出生率趋高，死亡率降低，村属高自然增长率典型。1952—1958 年，平均出生率为 33.02‰，平均增长率达 22.73‰。1959—1970 年，出生率又上升至 33.10‰，死亡率则下降至 9.37‰，年平均净增长率为 23.73‰。1970 年以后，计划生育观念被越来越多的人接受，出生率增长开始走低，至 1985 年，出生率降到 10.78‰，净增长率降到 3.60‰。1990 年，出生人口 10 人，出生率为 7.98‰，死亡 6 人，死亡率为 4.78‰，自然增长率为 3.19‰。自然增长率比 1987 年下降 1.51 个千分点。2016 年，出生人口 19 人，出生率为 15.24‰，死亡 6 人，死亡率为 4.81‰，自然增长率为 10.43‰。

人口构成　2016 年，村总人口为 1247 人。其中：男性 584 人，占总人口的 46.83%；女性 663 人，占总人口的 53.17%。男女性别比为 88.08∶100。2016 年，村内

15 ～ 59 岁年龄段人口占总人口的 61.99%，总抚养比为 40.43%，其中少年儿童抚养比为 17.91%、老年抚养比为 22.52%，即每 100 名劳动力负担被抚养人口 40.43 人，其中少年儿童 17.91 人、老年 22.52 人。

2016 年古现东村人口年龄构成指数表

表 3

人口（人）				占总人口百分比（%）			年龄构成指数（%）		
合计	0 ～ 14 岁	15 ～ 59 岁	60 岁及以上	0 ～ 14 岁	15 ～ 59 岁	60 岁及以上	总抚养比	少儿抚养比	老年抚养比
1247	162	773	312	12.99	61.99	25.02	40.43	17.91	22.52

2016 年古现东村各种文化程度人口统计表

表 4

文化程度	合计（人）	占人口比（%）
大学专科以上	2	0.18
高中（含中专）	164	14.60
初中	593	52.80
小学	146	13.00
不识字或识字很少	57	5.08

说明：不含幼儿

2016 年，村在业人口总数为 768 人（指 18 ～ 60 周岁），占总人口数的 61.59%。各职业中，从事农业者为 520 人，占总人口的 41.50%，占在业人口的 79.27%；从事交通运输、商业、饮食服务业者 126 人，占总人口的 9.60%，占在业人口的 19.26%。

姓氏来源 至 2016 年，全村有 75 姓。王姓最大，527 人。占全村人口总数的 42.3%。

古现东村姓氏人口情况统计表

表 5

姓氏	人数（人）	姓氏	人数（人）	姓氏	人数（人）	姓氏	人数（人）
王	527	朱	58	林	18	吴	12
张	84	曲	46	姜	17	臧	11
李	80	刘	44	夏	16	徐	11
于	78	孙	38	崔	14	邹	11

续表 5

姓氏	人数（人）	姓氏	人数（人）	姓氏	人数（人）	姓氏	人数（人）
吕	10	乔	4	苏	2	房	1
董	10	黄	4	由	2	宇	1
陈	10	邱	3	嵇	2	罗	1
蔡	9	杨	3	邓	2	戚	1
周	8	柳	3	鹿	1	侯	1
衣	8	谷	3	邵	1	郑	1
马	7	贾	3	毕	1	卫	1
郭	7	彭	2	逄	1	伊	1
潘	7	史	2	荆	1	牟	1
赵	7	时	2	翟	1	施	1
栾	7	邴	2	仇	1	安	1
葛	6	孟	2	汤	1	滕	1
宋	5	戴	2	庞	1	鲁	1
谢	5	倪	2	程	1	常	1
谭	4	梁	2	战	1	—	—

王姓 据《中国百家姓氏源谭〈王氏源谭〉》载，汉至清，王氏家族分布于山东省十八个大家族中，清朝古现“王懿荣家族”为其中之一。据古现《王氏家谱》记载，始迁祖王忠，祖籍云南大理府云南镇，即今云南省大理市巍山县永建镇西山村鸡头自然村。明洪武五年（1372），以官山东登宁盐场盐课大使到福山，卜居古县集之河北村。崇祯十四年（1641），其八世孙王道增举家迁入古现东村，迄今历600余年，渐成村内望族。

张姓 明初洪武年间（1368—1398）由江西迁入，为张德之后代。

李姓 清至民国时期从蓬莱县内迁入。

于姓 清至民国时期迁入。

朱姓 清至民国时期，由蓬莱县迁入。

曲姓 清代迁入。

刘姓 明初迁入。

孙姓 清代迁入。

夏姓 清代由莱阳、莱西等地迁入。

其他姓氏均无文稽。

◉ 环境 资源

地形 古现东村属典型的丘陵海滨地形。南依凤凰山，向北延伸为海滨平原，地面平坦，微向海面倾斜，总体地势南高北低。村域内丘陵地与海滨平原泊地相连，村北黄金河由西向东而过，洪枯有变，主支河流与沟渠组成网络，汇流入海，形成三份山地七份泊地的地貌特点。

古现东村农业种植区主要集中于村东和村北，西与古现西村为界，总面积 66.67 公顷，多数为平展坦阔的沿海平原地带，俗称“古现泊”。海拔均在 1 ~ 10 米以内，地面坡度小于 2 度，成土母质为第四纪冲积物和海冲积物，土层深厚，土质肥沃。坐落于村南的凤凰山，属崀岦山系，呈东西走向，南北宽 1000 米，东西长 2000 米，海拔 136.40 米。山有三顶，中高东西低，形似凤凰展翅，故名。

水文 村域地表水主要为客水补给，年际变化大。西部由蓬莱市进入的客水丰年

黄金河日落

平均563.40万立方米，平水年为501.43万立方米，偏枯年为318.32万立方米，主要补充村北黄金河，然后直入黄海。

村域内主要河流为黄金河，史称“古现河”，因河沙中含金，曾有人在河中淘金，故名。黄金河为古现街道境内两大独立水系之一（另一水系为柳林河），属季节性河流，其水源以降水补给为主，春季河流断水干涸，汛期河水暴涨。黄金河上游有西、南两个支流：西支流发源于磁山和蓬莱市尖顶山东麓，由石岚村西入古现街道境内东下；南支流发源于磁山东麓和洪钧顶北麓，于山王家村北合流北下。西、南两支流在村域西北部汇流东下，经三十里堡村西转北入黄海。黄金河全长9750米，河床均宽80米，流域面积78万平方米。在村域内长2000米，流域面积约16万平方米。黄金河上现有8道人工拦水坝涵养水源。

新中国成立前，境内无降水量记载，新中国成立后，从1951年均有记载。年降水量一般在670～740毫米，最高1122.20毫米，最低336.10毫米。全年降水集中于6—9月，占全年降雨量的70%左右。按季节划分，春季占13.90%；夏季占58.10%；秋季占22.20%；冬季占5.80%。

1951—2016年古现东村部分年份降雨量表

表6　　　　单位：毫米

年份	降雨量	年份	降雨量	年份	降雨量
1951	965.0	1980	509.1	2016	614.2
1960	751.2	1990	888.4	—	—
1970	768.4	2000	478.1	—	—

古现东村历年月降水量相对变率和降水日数表

表7

月份	降水量（毫米）	相对变率（%）	降水日数（天）	月份	降水量（毫米）	相对变率（%）	降水日数（天）
1	11.3	79.0	5.9	8	167.9	45.0	12.0
2	12.8	70.0	5.0	9	91.9	45.0	6.9
3	17.8	69.0	5.0	10	41.8	61.0	6.2
4	40.0	57.0	6.4	11	30.3	57.0	7.0
5	44.4	69.0	5.9	12	18.3	47.0	7.9
6	72.9	46.0	9.2	全年	737.0	16.0	90.5
7	187.6	46.0	13.2	—	—	—	—

气候 村地处沿海，属北温带季风型大陆性气候，四季分明。春季 3—5 月，前期冷、暖空气交替频繁，气候多变。后期偏南风日数增多，气温回升较快，多风少雨，易旱。夏季 6—8 月，受太平洋气候影响，空气湿润多雨，偶遇伏旱。秋季 9—11 月，9 月上、中旬，降水较多，有时形成阴雨连绵天气，影响秋收。9 月下旬至 10 月，冷空气南下，降水显著减少，往往出现秋旱；同时，北风增多、加强，气温下降较快。11 月冷空气侵入，天气多变，局地低云、阵雨、阵雪天气开始出现。冬季 12 月至来年 2 月，受西伯利亚冷空气影响，北风盛行，霜雪次数多，气压高，气温低。年平均气温 11.30 ~ 11.50℃，极端最高气温 38℃，极端最低气温 −13.10℃。7 月最热，平均气温为 25.20℃；1 月最冷，平均气温为 −3.40℃。水面结冰平均初日为 11 月 19 日，平均终于 3 月底。平均冻土深 10 厘米，始于 1 月 8 日，终于 2 月 14 日，最大冻土深度 46 厘米。越冬期平均为 73 天左右。

古现东村月平均气温统计表

表 8

月份	1	2	3	4	5	6	7	8	9	10	11	12	全年
平均气温（℃）	−1.6	−0.5	4.3	11.2	17.8	21.7	24.7	25.0	21.2	15.6	8.4	1.6	12.5

古现东村月、旬平均气温统计表

表 9　　单位：℃

旬 \ 温度 \ 月	1	2	3	4	5	6	7	8	9	10	11	12
上	−1.1	−1.4	2.1	8.9	16.0	20.4	23.6	25.8	22.4	17.7	11.3	3.4
中	−2.0	−0.6	4.6	11.3	18.0	21.9	24.1	24.4	21.3	15.7	8.4	1.8
下	−1.7	−0.4	6.2	13.5	19.4	22.9	25.8	24.2	19.7	13.5	5.5	0.2

古现东村常见动物物候一览表

表 10

名称	现象	时间	名称	现象	时间
大雁	始见北飞	年均 3 月 14 日	青蛙	始鸣	年均 4 月 18 日
	始见南飞	年均 11 月 6 日		终鸣	年均 9 月 23 日

续表 10

名称	现象	时间	名称	现象	时间
小燕	始见南来	年均 4 月 13 日	蟋蟀	始鸣	年均 6 月 24 日
	始见南去	年均 10 月 20 日		终鸣	年均 10 月 7 日
布谷鸟	始啼	年均 5 月 6 日	蚱蝉	始鸣	年均 6 月 21 日
	终啼	年均 9 月 25 日		终鸣	年均 9 月 27 日

古现东村常见植物物候一览表

表 11　　　　单位：℃

现象	发芽		开花		结果（采收）		落叶	
名称	时间	温度	时间	温度	时间	温度	时间	温度
柳树	2 月 24 日	4 ~ 6	4 月 7 日	8 ~ 13	5 月 20 日	15 ~ 19	11 月 10 日	7 ~ 6
苹果	4 月 4 日	4 ~ 6	4 月 21 日	12 ~ 13	10 月 14 日	12 ~ 14	11 月 20 日	10 ~ 7
毛白杨	4 月 7 日	7 ~ 8	3 月底	4 ~ 10	4 月中旬	8 ~ 13	10 月 25 日	16 ~ 12
榆树	4 月 5 日	7 ~ 8	4 月初	8 ~ 13	5 月中旬	15 ~ 19	11 月下旬	5 ~ 3
泡桐	4 月 15 日	10 ~ 11	5 月 15 日	14 ~ 16	9 月中旬	22 ~ 18	10 月中旬	16 ~ 12
蒲公英	2 月 27 日	4 ~ 6	3 月 28 日	4 ~ 10	5 月 12 日	15 ~ 19	11 月 14 日	5 ~ 3
苍耳	4 月 8 日	7 ~ 8	8 月 25 日	22 ~ 27	9 月 19 日	22 ~ 17	11 月 19 日	5 ~ 3

植被　村域内植物有农田杂草麦蒿、芥菜、刺菜、灰菜等 50 余种，山间杂草茅草、苫草、鸡眼草等 120 余种。村域内木本植物种类较多，主要分两大类：用材林、经济林。其主要用材林树种有松、柏、杨、柳、椿、榆等。主要经济林果树品种有苹果、梨、桃、大枣、樱桃等 110 余种。观赏花木和灌木种类有月季、梅花、迎春、杞柳等。植物类药材主要有黄芩、桔梗、防风、柴胡、远志、地丁、前胡、紫参等 100 余种。

土地资源　全村土地至 1947 年 4 月土地改革时始有统计数字。1951 年村土地总面积 196.43 公顷（包括耕地、园地、林地、蔬菜地、居民点、工矿用地、交通用地、水域、未利用地）。2002 年 9 月 11 日，村划入烟台经济技术开发区时土地总面积 183.67 公顷。2016 年年底，东村有林地面积 23 公顷，果园面积 13 公顷，土地总面积 36 公顷。

1951 年耕地面积 162.18 公顷，占土地总面积的 82.56%；2002 年耕地面积 89.14 公顷，占土地总面积的 48.50%；园地面积 33.33 公顷，占土地总面积的 18%；林地面积（指森林地、灌木林地、疏林地、苗圃）13.33 公顷，占土地总面积的 7.20%（自 1984 年 4 月人民公社改镇，生产大队改行政村，土地全部承包到户。耕地利用完全由村民自己做主，村委再未统计）。

古现东村被征土地一览表

表 12　　单位：公顷

年 份	征用项目	征用面积
1958 年后	福山三中占地	3.38
1976 年后	供销社、煤厂占地	1.00
1958—1985	政府占地	0.63
1958—1985	水库、塘坝占地	0.67
2002	长江路占地	12.20
2002	湘潭路占地	6.07
2002	衡阳路占地	7.00
2002	厂企占地	21.40
2011	厦门大街、上海大街占地	38.67

◉ 村级经济

古现位于黄金河畔，土地肥沃，灌溉便利，向为富庶之地，又兼地处古邑，交通发达，商业繁荣，逐步成为胶东重镇。新中国成立后，尤其是改革开放以来，古现东村多业并举，加快发展，群众生活和社会事业日新月异。2016 年，全村经济总收入 4490 万元，人均收入 3.6 万元。

农业　古现东村农耕文化历史久远，新中国成立前，由于生产力水平较低，农业经济发展缓慢，粮食亩产徘徊在 50 ~ 60 千克左右，基本处于自给自足状态。新中国成立后，在人民政府的领导下，全村积极开展农田水利基本建设，改良土地，整修水库、塘坝，扩大水浇地面积，选育良种，增加优质肥料，加强田间管理，农业生产得到长足发展。改革开放以后，随着经济体制的改革，东村积极调整农业结构，发展高

超市一角

村里新建的沿街商业楼

效农业，实行农业产业化，由单纯的粮食生产向种植、养殖、加工全面发展，取得优异成绩，一直是古现镇带头村。2002 年古现东村划入烟台经济技术开发区后，土地逐步减少，村域经济逐步转向二、三产业。

工商业　古现工商业发展较早，清末便有私人开设的作坊、商号。

新中国成立前，村内商铺众多，名者有“德泰”“福春”糕点铺，“乐善堂”“杏泉堂”药房，“洪昌”“仁昌”“德意诚”日用杂货铺，“陶家面馆”“孙老五包子铺”等。此外，“大众饭店”“世丰车子铺”“邦义理发店”“宝贵火烧铺”“刘同川豆腐坊”也是耳熟能详、闻名远近的商号。

20 世纪 50 年代初，国家对工商业实行社会主义改造，公私合营。“文化大革命”期间，受政策因素影响，村内个体私营工商业全部绝迹。

中共十一届三中全会以后，随着国家扶持个体私营经济的政策逐步落实，社队（乡村）集体经济的发展壮大，村内的个体私营经济发展进入快车道。改革开放后到 20 世纪 90 年代，东村对集体工商业实行体制改革，推行私人承包或租赁制，有的出售给私人经营，个体私营经济迅速发展。相继出现食品加工、服装加工、机器制造加工、建筑材料、交通运输、建筑安装、房地产开发等私营企业，兴办了日用品、餐饮、超市、美容、家电、通信设施等商贸服务行业。

到 2016 年，东村拥有各类大小私营企业 10 户，从业人员 120 多人，年实现工业总产值 1.2 亿元。村内个体商贸服务业 131 户，从业人员 200 多人，年销售额 500 多万元。

古现东村私营商业店铺一览表

表 13

业主姓名	门牌字号	店铺位置	开业年份	主要经营内容
王德泰	德泰	碓臼街	1949 年以前	糕点
王作塬	德意诚	老邮局街	1949 年以前	日用杂货
王作栋　王作梁	福春	东村北大街	1949 年以前	糕点
王修赉	乐善堂	东村北大街	1949 年以前	药房
王庸熙	杏泉堂	东村北大街	1949 年以前	药房
王绍熙	洪昌	东村北大街	1949 年以前	日用杂货
王泽民	仁昌	东村北大街	1949 年以前	日用杂货
陶清元	陶家面馆	东村北大街	1949 年以前	福山大面
孙昌注	孙老五包子铺	东村北大街	1949 年以前	特色包子
王世丰	大众饭店	东村北大街	1949 年以前	各种炒菜及面食
王世丰	世丰车子铺	东村北大街	1949 年以前	自行车维修
刘邦义	邦义理发店	东村北大街	1949 年以前	理发（剃头）
夏仁山	仁山饭店	东村北大街	1949 年以前	油条、火烧
贾宝贵	宝贵火烧铺	东村北大街	1949 年以前	烤饼、火烧
刘同川	豆腐坊	东村北大街	1949 年以前	豆腐、老豆腐
林洪奎	花铺	东村北大街	1964 年以前	加工棉花
刘洪斌	理发店	东村北大街	1975	理发
王守平	小卖部	村委大街	1984	烟酒糖茶、杂货
王景义	羊肉馆	村委大街	2012	涮羊肉、烧烤
于福军	金猴连锁店	古现大街	2012	金猴皮鞋
王守文	汇鑫家具店	古现大街	2001	各式家具
张心波	金源五金交电	古现大街	2001	五金交电、劳保用品
张霞	孚德鞋店、服装	古现大街	2003	各式皮鞋、胶鞋、服装
刘玉波	玉波美容理发、音像	古现大街	1996	美容、理发、音像、电器
王翠萍	龙凤理发美容	古现大街	1998	美容、理发
曲华文	小曲电器维修	古现大街	1993	家电维修
刘建渤	建渤家具店	古现大街	1992	各式家具
刘建峰	建峰建材陶瓷店	古现大街	1993	建材和陶瓷
王中	移动手机店	古现大街	2001	手机维修、充值、零售
王柏言	百信超市	古现大街	2002	烟酒糖茶、食品

续表 13

业主姓名	门牌字号	店铺位置	开业年份	主要经营内容
张君敏	妇幼保健服装店	古现大街	2008	幼儿服装
王明珠	化妆品专卖店	古现大街	1994	田之缘品牌专卖
曲进	压面店	古现大街	2004	面条加工
朱洪福	蔚文书屋	古现大街	2012	各种图书
王秉欣	油条店	古现大街	1985	面鱼、油条、老豆腐
贾宝贵	小卖部	古现大街	1985	烟酒糖茶
王镇德	玻璃店	古现大街	2000	玻璃、三合板
曲忠江	酒水批发部	古现大街西首	2002	各类酒批发
张心友	心友车铺	南北大街十字路口	2001	自行车修理
李菁臣	美味快餐店	东西大街东首	2001	饮食服务
姜笃善（外租）	新铭超市	菜市大街	2008	烟酒糖茶
朱洪岩（外租）	鸿运窗帘	菜市大街	2010	各式门、窗帘
王金利	金利服装	菜市大街	2008	服装制作、零售
王礼	家家悦连锁店	菜市大街	2010	烟酒糖茶
王礼（外租）	茶庄	菜市大街	2012	茶叶
崔积明	永泰大药房	菜市大街	2002	中西药品
王金福（外租）	馨源祥糕点	菜市大街	2010	各式糕点
夏云江（外租）	尚香化妆品	菜市大街	2010	化妆品
王明东（外租）	老岚馒头连锁店	菜市大街	2012	馒头
王金福	福兴电器	菜市大街	2010	电器维修
林齐涛	利民装饰炊具店	菜市大街	2011	装修各种炊具
崔寿强	寿强粮店	菜市大街	2002	粮、油、蛋
王永涛	电气焊部	粮市大街	2005	电气焊机加工
王建普	康普小吃	粮市大街	2003	油条、面鱼、老豆腐
王英杰	古现汽修部	粮市大街	2010	汽车维修
王林	明山超市	粮市大街	2008	烟酒糖茶
王波	艺术玻璃店	粮市大街	2008	装饰玻璃加工
王栋忠	手机店	粮市大街	2011	充值
李伟	理发	粮市大街	2011	美容、理发
王清娟	复印打字	政府西街	1998	复印、打字

续表 13

业主姓名	门牌字号	店铺位置	开业年份	主要经营内容
王永丰	永丰照相婚庆	政府西街	2005	照相、婚庆
张惠君	利群百货店	政府西街	2012	文具、烟酒糖茶
王汝贵	汝贵饭店	上海大街	1995	饭、菜、住宿
王建波	永顺利酒店	上海大街	1995	饭、菜、住宿
王建波	永顺利洗浴中心	上海大街	1995	男女洗浴服务
夏曰敏	悦来快餐	上海大街	2000	快餐

◉ 村民生活

教育 古现自古就有兴学重教之风。明清时期，王氏家塾声名远扬，诗书继世，造就大批科举英才。1900 年官府兴办凤凰山小学，为烟台较早的小学。1944 年，中共领导下的抗日民主政府将凤凰山小学改为古县完全小学。1958 年，原福山县在古现兴建福山第三中学，为古现东村的教育发展奠定了坚实的基础。

1973 年，村与附近的古现西村、北斗村、胜利村三村联办幼儿园 1 所。2000 年，联办幼儿园发展为古现中心幼儿园。2016 年，幼儿园达 12 个班，幼儿教师 34 人，本村入园儿童 36 人，入园率 100%。

1988 年，在黄金河南岸原古现联中旧址新建古现小学，占地面积 6700 平方米。2016 年，古现小学有教职工 44 人，在校生 15 个班级，645 人，先后获得烟台市“花园式标准小学”“少先队素质教育先进单位”“经济先进学校”“优秀家长学校”和山东省“单元达标教学先进学校”等荣誉称号。

凤凰山小学旧址

新建古现小学

古现幼儿园

优良的传统、浓厚的教育氛围，为人才成长创造了条件。清末科举制度结束后，古现学子纷纷就读新学或出国留学，民国年间，古现东村在清华大学、燕京大学、上海圣约翰大学、美国哥伦比亚大学等著名大学就读的学生就达 14 人之多，他们均学有所成，成为国家建设栋梁之材。新中国成立后，特别是 1977 年恢复高考制度后，古现教育再度辉煌，先后涌现出近百名大学生。

1910—1949 年古现东村学子统计表

表 14

姓名	性别	入学或毕业时间	学校名称	所学专业	学历、学位、职称
王同观	男	晚清	中国海关学堂	—	专科
王为蔚	男	晚清	北洋陆军速成学堂	—	专科
王宪钧	男	—	燕京大学	哲学	专科
王宪钿	男	1939 年	清华大学	心理学	研究生
王宪钊	男	1939 年	西南联合大学	地质地理气象	专科
王福埏	男	1944 年	华西大学	经济	高工

续表 14

姓名	性别	入学或毕业时间	学校名称	所学专业	学历、学位、职称
王宪钟	男	—	—	—	博士
王福重	女	1945 年	燕京大学	—	本科
王茂林	男	1945 年	上海圣约翰大学	—	专科
王学义	男	1939 年	黄埔军校	—	专科
王宪铨	男	1945 年	清华大学	历史	本科
王德镇	男	—	北京公安学院	—	专科
王学忠	男	1946 年	上海圣约翰大学	经济	博士
			美国哥伦比亚大学	工商管理	硕士
王永江	男	1949 年	国立北洋大学	电机	专科

医疗卫生 古现东村名医代有传人，王道增即颇懂中医，曾为戚继光后代戚年治愈重疾，并成功控制了当地一次急性瘟疫的传染蔓延。

清代后期至新中国成立前后，地方名医有王源、王廷楫、王庸熙（人称“二虎先生”）、王景堂（副教授）。王庸熙在村内开设“杏泉堂”（人称“行善堂”）中药铺，坐诊、售药，对贫困家庭的病人都实行免费诊治或告知患者到山上自采中草药，受到人们普遍赞扬。另有王修赉开设的“乐善堂”中药房，只售药，不诊病。

1956 年，村设保健室。1963 年，保健室改称卫生室，配卫生员 1 人。1969 年，

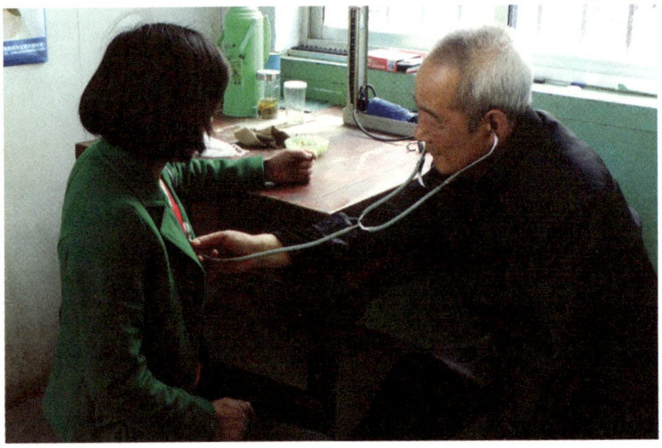

村医朱洪斌在诊病

演出队在排练节目

卫生室改称合作医疗室，卫生员改称“赤脚医生”。1981 年，“赤脚医生”改称“乡村医生”。1982 年，医疗室称卫生所。1985 年，卫生所由乡村医生自主经营。

1969 年实行合作医疗，到 1982 年合作医疗夭折，经过近半个世纪医疗事业的曲折发展，到 2006 年新型合作医疗兴起，最终 2011 年实行医疗保险，村民真正拥有了医疗保障。

文化娱乐 古现东村的文化生活和休闲娱乐活动丰富多彩。村里建有体育中心，早晨村民在广场上打拳、舞剑、散步、做广播操等；晚上村民自发组织跳广场舞，丰富文体生活，促进了身心健康。

村里还投资组建了秧歌队、高跷队、腰鼓队和锣鼓队，经常参加古现“三月三”山会、庙会及春节、老年节等演出。每年夏天，村里还在广场举行消夏晚会，村民踊跃登台表演，自娱自乐。

社会保障 新中国成立前，村民缺衣少食，生命财产无从保障。新中国成立后，各级政府高度重视民政工作，通过救济、捐助、社会福利事业，扶弱济困，群众生活得到基本保障，中共十一届三中全会之后，随着社会事业的发展，农村群众的社会保障水平大幅提升。

1956 年开始，古现东村对无子女又丧失劳动能力的老、弱、孤、寡、残社员实行五保（保吃、保穿、保烧、保教、保葬）。1958年，村生产大队办起敬老院，将散居的五保户集中供养。敬老院里设专人为其做饭和其他生活服务。但因物质基础差，很快于1960年解散。之后，村五保户由生产大队承担，实行分散供养。1983年，为进一步保障五保户的日常生活供养，政府对五保户规定统一的生活标准，每人每年口粮不低于250千克，细粮占70%，粮草送到家，医药费村报销，每年适当给些零用钱，衣帽鞋袜由村集体负责供给。对于其中已失去生活自理能力的部分老人、患病者，村领导安排专人负责照顾。1985年，村具备"五保"条件的共4人，分别是姜吉元、王刘氏、王福坦、李玉臣。

2006年，古现街道在东吴家村建敬老院，将全街道所有的五保户进行集中供养，是年，村内唯一一名五保老人王金凯住进敬老院。东吴家敬老院环境优美，房舍高大坚固，宽敞明亮，现代化设施齐全。供养标准每人每年3883.33元。五保供养资金实行市、区、街道办事处2∶4∶4的比例，分别由市、区、街道办事处三级财政共同负担。2010年烟台经济技术开发区在凤凰山东麓新建烟台开发区社会福利中心。

1981年始，应征服现役的士兵家属，每年由村补给同等劳动力的平均年收入。同年11月起，按政策规定，对特等、一等残废军人先后两批全部转供商品粮。1984年11月，又将其家属转为非农业户口。1985年7月，对定期发给生活费的优抚救济对象，增加生活费补贴，补助标准随着经济发展而不断提高。村里老复员军人朱仕昌每年可领取补助金：国家5540元，集体3000元，共计8540元。

1989年开始实行老党员、老干部优待政策。其中1名老党员、老干部每年享受500～1000元的津贴，2016年村内有1名老党员享受优待，4名老干部享受退休金，村年度支付老党员、老干部生活补贴和退休金1万余元。

古现东村农村养老保险工作始于1993年，投保年龄以20岁为起点，满60周岁停止缴纳。1～19岁有条件的也可以参加农村养老保险。养老保险费缴纳以个人为主，集体补助为辅，分别记在个人账户上。到2002年，全村参保率达30%。2007年，建立区、街道两级财政补贴的"地方新型农村社会养老保险"制度，逐步提高村民养老保障水平。新型农村养老保险包括年满16周岁（不包括在校学生），未参加城镇职工基本养老保险的在区常住（有户籍）农村居民和被征地居民，缴费年限和缴费标准是：参保人在新农保实施时，45周岁以上的按年缴费，同时累计缴费年限应不少于15年。实施新农保前年满60周岁，未享受城镇职工基本养老保险待遇的该区常住农村居民，以及被征地居民和户口在该区的外来人员，不用缴费，可按月领取55元基础养老金，但其符合参保条件的子女应当参保缴费。

2011 年，区、街道两级政府对参保人员实行更加优惠的财政补贴标准。到 2011 年年底，村参保率达 96%。

2002 年 9 月，古现东村划入烟台经济技术开发区，次年开始对男年满 60 周岁、女年满 55 周岁（原村民）给予生活补助金，每年 400 ~ 500 元；从 2010 年开始，由财政拨款,70 ~ 79 周岁老人每年 300 元，对 80 ~ 89 周岁的老人，每人每年发 600 元，对 90 ~ 99 周岁的，每人每年发 800 元，100 周岁以上者，每人每年发 4800 元。

2006 年秋，村开始推行“新型合作医疗”（简称“新农合”）制度，全村 100% 村民参加了“新农合”。对参加“新农合”的村民，在定点医院（门诊）就诊者，门诊医药费用按 20% 的比例予以报销。

2011 年，开发区管委又出台新的惠民政策，并对新农合医疗资金的筹集、报销门诊医药费用和住院医药费用标准都相应进行了调整和提高，特别对特殊病种的门诊补偿标准，按符合范围内 70% 给予补偿，年度补偿由最高限额 2 万元提高到 10 万元，原街道级医院主要补偿标准由 70% 提高到 80%，区级医院住院补偿标准由 50% 提高到 65%，市级医院住院补偿标准由 35% 提高到 40%。

同时，对孕产妇住院分娩报销做出规定：重大公共卫生服务项目和突发公共卫生事件涉及的病种（如：孕产妇住院分娩等）先执行专项补助，剩余部分中的医药费用再按新农合规定给予补偿，补助资金同新农合报销一起结算。

对参加新农合的村民，在原优惠政策的基础上，又增加了“两免（对高血压和糖尿病患者在街道医院、一体化村卫生室门诊时免费提供常用药物）、三补（儿童先天性心脏病手术给予定额 5000 元补偿，乳腺癌和宫颈癌手术给予定额 1000 元补偿）、三提高（系统性红斑狼疮、肾透析和肿瘤化疗的门诊治疗报销比例提高到 70%）”的政策。

◉ 村务管理

组织机构　1945 年东村建立中共党支部，朱元禄为第一任书记。到 2016 年，共有 11 任党支部书记，全村现有党员 49 名。东村党支部带领全村党员，不断加强党组织自身建设，提高政治素养，树立全心全意为人民服务的思想，认真贯彻落实党的路线、方针、政策，牢牢把握党的“一个中心，两个基本点”的基本路线，一心一意抓经济建设和村庄建设，为百姓办实事、办好事。成为坚强的战斗堡垒，取得了优异成绩，多次得到上级党委的表彰。

新中国成立后，1949 年 10 月至 1952 年，仍实行区、乡建制，村政府设村长、副村长各 1 人。1958 年 8 月，成立人民公社，村改为生产大队管理委员会，设正、副大队长各 1 人。1984 年，村建立村民委员会，设主任 1 人，委员 2 人。2003 年 9 月，改为居民委员会，设主任 1 人、委员 2 人。

社会服务 新中国成立初期，村设调解委员会，村政委员任调解主任。主要服务功能为调解民事纠纷，化解社会矛盾。2006年后，随着党和国家“以人为本，创建和谐社会”的要求，村调解工作主要围绕“树文明新风，做文明村民，建文明村居”等活动展开。

东村有良好的拥军传统，每年春节前夕，村民敲锣打鼓给烈、军属挂光荣牌、送光荣灯、贴春联，并送鱼肉等过节礼物，村政领导给村里烈、军属分发慰问粮，并组织村干部给烈、军属拜年。

东村历来提倡丧葬从简，旧习俗和土葬渐废。20 世纪 60 年代中期，打破家族异姓界限，统一规划墓地，迁出耕地中的坟墓，将凤凰山作为统一安葬墓地，并于 2012 年清明前集体搬迁至落山坡公墓。

2000 年围绕创建“平安村庄”工作，村内专门成立“平安村庄”工作领导小组。2002 年划区后，为抓好社会治安综合治理工作，村设立了办公室。2002 年至今，村先后成立季节性和常年性治安巡逻队，昼夜巡逻，并在村重点路段增设监控，建成配套有效的群防群治治安防范网络。

管理制度 近年来古现东村建立了一系列规章制度，并坚持抓好贯彻落实，村务管理走上了规范化、制度化的轨道。这些规章制度主要包括村务公开制度、“两委”联席会议制度、民主决策制度、印章管理制度、村民委员会职责、综合治理办公室职责、调解工作原则和村规民约等。

政务公开 自 1984 年建立村民委员会后，领导监督机制与管理制度日趋完善。至 2012 年，村民委员会已建立健全了一系列民主监督管理制度。

领导监督机制包括建立村务公开领导小组、村务公开监督小组、民主理财小组，建立“三组一体”组织网络。“三组”即村民小组、党员小组、妇女小组，各小组设组长 1 人；“一体”即以 30 ~ 50 户为一片区。依照要求，村民小组长联系村民代表；党员小组长联系小组党员；妇女小组长联系本村妇女。每名村民代表联系 10 户以上群众。一般情况下，每季度走访一次联系对象，全年召开联户会议不少于两次。

村级荣誉 自 20 世纪 80 年代起，由于古现东村各项工作成绩显著，多次获得多种荣誉，包括党建、村政、治安、调解、计划生育等各个方面。除集体连年获奖以外，村党支部、村（居）委会负责人及有关部门负责人也获得过许多奖励。

古现东村集体所获荣誉一览表

表 15

年份	授予单位	所获荣誉
1989	中共烟台市福山区委 烟台市福山区人民政府	1989 年小麦总产创历史最高水平
1989	中共古现镇委员会	先进党支部
1989	烟台市福山区人民武装部	先进民兵连
1990	烟台市福山区人民政府	区护林先进单位
1990	中共古现镇委员会	先进党支部
1991	中共古现镇委员会 古现镇人民政府	先进民兵连
1992	烟台市水利局	烟台市小型水利工程企业化管理达标单位
1992	中共古现镇委员会	1992 年度先进党支部
1993	中共古现镇委员会 古现镇人民政府	民兵预备役工作先进单位
1993	中共古现镇委员会	先进党支部
1993	中共古现镇委员会 古现镇人民政府	计划生育先进村
1998	烟台市福山区妇女联合会	先进妇代会
1998	中共古现镇委员会 古现镇人民政府	农业工作先进村
1999	中共古现镇委员会	民兵预备役工作先进村
2000	中共古现镇委员会	先进党支部
2000	中共古现镇委员会 古现镇人民政府	先进村
2002	中共古现镇委员会 古现镇人民政府	2001 年度先进党支部
2007	中共古现街道委员会 古现街道办事处	先进单位

续表 15

年份	授予单位	所获荣誉
2007	中共古现街道委员会 古现街道办事处	计划生育先进集体
2008	烟台经济技术开发区人事劳动和社会保障局	2007 年度基层劳动和社会保障工作先进集体
2009	中共古现街道委员会 古现街道办事处	先进单位
2010	中共古现街道委员会 古现街道办事处	先进单位
2010	烟台经济技术开发区人事劳动和社会保障局	2009 年度基层劳动和社会保障工作先进集体
2011	山东省文化厅	山东省农村优秀文化团队
2011	中共烟台市委	烟台市先进基层党组织
2011	中共烟台市委开发区工委 烟台经济技术开发区管委	2006—2010 年全区普法依法治理工作
2012	烟台市委市政府	文明社区
2012	中共烟台市委宣传部	全市优秀农村（社区）文化大院
2012	中共烟台市委开发区工委	履行社会责任“三十佳村居”
2012	山东省妇女联合会	全省妇联“基层组织建设示范村居”
2012	烟台市政府	社会主义新农村建设五星级“城区型示范村”
2012	烟台经济技术开发区老年人体协	先进单位
2013	烟台市司法局市民政局	全市民主法治示范村
2013	烟台开发区妇女健身大赛委员会	三等奖
2014	烟台开发区人力资源和社会保障局	2013 年度基层人力资源和社会保障工作先进单位、先进集体
2015	烟台市妇联	烟台市平安家庭示范村
2015	烟台市司法局	烟台市青少年普法教育示范社区
2015	烟台经济技术开发区老年人体协	先进单位
2015	烟台市司法局等	烟台市青少年普法教育示范社区
2016	山东省精神文明建设委员会	省级文明社区
2016	中共烟台市委党建工作领导小组	2016 年度全市农村干部“干事创业”活动红旗村
2017	中共烟台市委宣传部	四德工程建设示范点
2017	中共烟台市委开发区工委政法委 烟台经济技术开发区社会治安综合治理委员会	2016 年度平安法治村居
2017	烟台经济技术开发区文明办	2016 年度烟台经济技术开发区二星级 文明提升村居

村级荣誉

附：古现东村村规民约

为了推进我村民主法制建设，维护社会稳定，树立良好的民风、村风，创造安居乐业的社会环境，促进经济发展，建设文明卫生新农村，经全体村民讨论通过，制定本村村规民约。

一、社会治安

1. 每个村民都要学法、知法、守法、自觉维护法律尊严，积极同一切违法犯罪行为做斗争。

2. 村民之间应团结友爱，和睦相处，不打架斗殴，不酗酒滋事，严禁侮辱、诽谤他人，严禁造谣惑众、拨弄是非。

3. 自觉维护社会秩序和公共安全，不扰乱公共秩序，不阻碍公务人员执行公务。

4. 严禁偷盗、敲诈、哄抢国家、集体、个人财物，严禁赌博、严禁替罪犯藏匿赃物。

5. 严禁非法生产、运输、储存和买卖爆炸物品；经销烟火、爆竹等易燃易爆物品须经公安机关等有关部门批准。不得私藏枪支弹药，拾得枪支弹药、爆炸物品，要及时上缴公安机关等有关部门批准。

6. 爱护公共财产，不得损坏水利、道路交通、供电、通讯、生产等公共设施。

7. 严禁非法限制他人人身自由或非法侵犯他人住宅，不准隐匿、毁弃、私拆他人邮件。

8. 严禁私自砍伐国家、集体或他人的林木，严禁损害他人庄稼、瓜果及其他农作物，加强牲畜看管，严禁放养牛、羊、马。

对违反上述社会治安条款者，触犯法律法规的，报送派出所处理。尚未触犯刑律和治安处罚的，由村委会批评教育，责令改正。

二、消防安全

1. 加强野外用火管理，严防山火发生。

2. 家庭用火做到人离火灭，严禁将易燃易爆物品堆放户内，定期检查，排除各种火灾隐患。

3. 加强村中防火设施建设，定期检查消防设施，保证消防用水正常。

4. 对村内、户内电线要定期检查，损坏的要请电工及时修理、更新，严禁乱拉乱接电线。

5. 加强村民尤其是少年儿童安全用火用电知识宣传教育，提高全体村民消防安全知识水平和意识。

三、村风民俗

1. 提倡社会主义精神文明，移风易俗，反对封建迷信及其他不文明行为，树立良好的民风、村风。

2. 红白喜事由红白喜事理事会管理，喜事新办，丧事从俭，破除陈规旧俗，反对铺张浪费、反对大操大办。

3. 不搞封建迷信活动，不听不看传淫秽书刊、音像，不参加非法宗教活动。

4. 积极开展文明卫生村建设，搞好公共卫生，加强村容村貌整治，严禁随地乱倒乱堆垃圾，修房盖屋余下的垃圾碎片应及时清理，柴草、粪土应定点堆放。

5. 建房应服从村庄建设规划，经村委会和上级有关部门批准，统一安排，不得擅自动工，不得违反规划或损害四邻利益。违犯上述规定的给予批评教育，出具检讨书，情节严重的交上级有关部门处理。

四、邻里关系

1. 村民之间要互尊、互爱、互助，和睦相处，建立良好的邻里关系。

2. 在生产、生活、社会交往过程中，应遵循平等、自愿、互惠互利的原则，发扬社会主义风尚。

3. 邻里纠纷，应本着团结友爱的原则平等协议解决，协商不成的可申请村调解委员会，也可依法向人民法院起诉，树立依法维权意识，不得以牙还牙，以暴制暴。

五、婚姻家庭

1. 遵循婚姻自由、男女平等、一夫一妻、尊老爱幼的原则，建立团结和睦的家庭关系。

2. 反对包办干涉，男女青年结婚必须符合法定结婚年龄要求，提倡晚婚晚育。

3. 自觉遵守计划生育法律、法规、政策，实行计划生育，提倡优生优育，严禁无计划生育或超生。

4. 夫妻地位平等，共同承担家务劳动，共同管理家庭财产，反对家庭暴力。

5. 父母应尽抚养、教育未成年子女的义务，禁止歧视、虐待、遗弃女婴，破除生男才能传宗接代的陋习。子女应尽赡养老人的义务，不得歧视，虐待老人。

黄金河湿地风光

民俗　风情

古现东村人忠厚正直，乐善好施，崇尚文明，热心教育。优良的传统和浓厚的文化氛围，孕育了淳厚质朴的民风习俗。重道德，讲礼仪，有爱心蔚成风气。处世行事、待人接物、民艺食俗诸方面，也有特有的风范，是老福山优秀风尚的典型代表。

◉ 风俗

建筑习俗 古现村民住宅方向，正房皆坐北朝南并略偏东南或西南，以防冲南天门里的神灵。街门内迎面处立一照壁，书一“福”字，并配画松竹等。迎冲道路的山墙上部多书“福星高照”或“紫气东来”等字；有的在墙根处立一石碑，上刻“泰山石敢当”字样。建房上梁，需于梁上贴“上梁大吉”，燃放鞭炮。

禁忌习俗 古现靠海，亦有渔民，渔民在海上劳作，谈吐必须忌讳，如“翻过来”和“扣过来”是船翻扣之意，必须改说“划过来”或“转过来”。忌说“老”字，因渔民畏敬鲸鱼称其为“老人家”，“老”字只能用以称鲸鱼，而不能用在对他人的称呼上，故将“老张”“老李”等改称“张伙计”“李伙计”。农家过春节谈话时忌说“死”“穷”“破”“碎”“吹”等不吉利的词语，如春节饺子煮破皮，忌说“破了”“碎了”，要说“挣了”；馒头蒸裂了忌说“裂了”，要说“笑了”。

渔民吃饭忌将筷子搁在碗上，认为这会招致渔船搁礁或桅杆被风吹倒的事故。船上忌器皿扣放，认为这是翻船的凶兆。忌在船头便溺，因怕亵渎龙王。借别人药铫子（煎药器具）使用忌送还，须待物主自己来取回，意思是送还会将病疫带给人家。探望病人忌在下午或晚上，因“下午”“晚上”有表示病势“沉重”或“垂危”的意思。

节日习俗

在诸多节日习俗中，春节、元宵、清明、端午、六月六、七月七、七月十五、中秋、重阳、十月醮、冬至、腊八、小年都是重要节日，与胶东乃至山东地方习俗基本相同。但元宵节和农历二月二稍有不同。

元宵节　农历正月十五日为上元节，亦称元宵节和灯节（俗称“过十五”）。此日各家各户都要用萝卜、胡萝卜或豆面等做成小油灯，于黄昏时分送至祖先墓前点燃，并焚化香纸，酹酒祭奠。古现的豆面灯颇有特点：用豆油和水，揉成面团，手工捏成倒葫芦状，下面做成底座，上面做成油碗，在碗边刻上花纹。碗里放上蜡油，固定一根棉线捻子，晚上点亮捻子，放在神主、墓前和门槛上，给神祖们照亮。

二月二　农历二月初二为祭“土地神”的节日，俗称“龙抬头”。此日黎明，家家用草木灰在庭院、场院内撒成若干大圆圈，里面再撒上五谷杂粮，称为“谷囤”，以作为本年“五谷丰登、粮食满仓”的象征。二月二，古现还有“烙虫”的习俗，这一天，各家各户要把春节期间剩下的枣饽饽和其他面食切成薄片，在锅中烙成干饼，俗称“饽饽疙”，以求一年粮食不长虫。

婚嫁习俗　古现的婚嫁习俗程序先由媒人提亲、双方定亲、送彩礼，然后选择迎娶吉日。喜日早晨，新郎到女方家迎娶后，夫妇双方“拜天地”“入洞房”，新妇拜床、坐床，公公翻箱子、钉门帘等。婚后第二日，女家来二亲人探望，称为“看客”；第三日再来一亲人迎女回家，称为“搬三”；第九日新郎再伴送新妇回家省亲，称为“转九”。

喜宴食俗　古现的宴席名目繁多，其中婚宴、寿宴、升学、乔迁、生子喜宴最为隆重，同时也有其特殊的地方特色，尤其讲究上菜的顺序和节奏。一般是先凉后热，席首和席尾上汤；先荤后素，先高档后一般；先咸后甜，鱼齐。节奏是先快后慢关键缓。以最常见的“四二八”喜筵为例，席首摆4盘点心（俗称“压桌面”），用茶水就食，让客人先垫一下肚子，以免空腹喝酒伤身易醉。4个冷荤之后，8个热炒分两组上完，两个“大件”设在热炒之首和中间，使筵席出现两个高潮：第一件是全家福，由多种荤素原料和海鲜组成，历来是筵席中的头菜。第一组热菜先上4个，一般是烤大虾、炸双拼、油爆乌鱼花和韭菜炒海肠。第二个大件多是扒鸡。“张口鸡，闭口鱼”，取其“鸡”同“吉”（吉祥）之意。第二组热菜一般是芙蓉干贝、红扒肘子、清蒸加吉鱼、拔丝山药等。上甜菜之前要撤桌，即换掉全部餐具，以保证甜菜的纯正。最后上主食福山大面，象征长长远远。“无鱼不成席”，吃鱼的讲究也多。整鱼上席时，要“头朝北肚朝客”摆放，以示对客人的尊敬。

丧葬习俗 有人亡故，旧时古现一带实行土葬，礼仪十分繁琐。弥留之际，将人由炕上移至丧床，名为“抬床”，忌讳死在炕上。挺尸以后，灵床下放一盏油灯，名为“照尸灯”。灵床前放一碗生米，上面盖一张烧饼，放一双筷子，谓之“倒头饭”。旧时还要烧“倒头包袱”或者烧“倒头马”“倒头轿”。往土地庙送浆水，名为“报庙”，一日三次。死后第三天晚上，在村头十字路口举行祭祀仪式。入殓之后，亲友前来吊唁，俗称“吊孝”。旧时有厚葬陋习主要表现于殡葬：出殡前搭棚准备纸活，请吹鼓手、执事人、抬杠者，总名为“开丧”；新坟落成，名为“谢林”对帮助办理丧事的人表示感谢。出殡之日，吹鼓手作乐有“闪门”“闹丧”等曲目，然后有起灵、上罩、摔老盆、路祭等程序。到坟地后再举行下葬仪式。此外，自人死之日起，每 7 天祭祀一次，一共 7 次，名为“烧七”。埋葬之后第三天祭新坟，名为“圆坟”。葬后 100 天要上坟祭祀，叫“烧百日”。人死满一年谓之“周年”，也称“忌日”，忌日祭祀亡灵，谓之“烧周年”。实行火化后，丧葬礼仪大大简化。

◉ 集场庙会

古现大集 古现大集，历史久远，逢农历三八集日，周围四面八方的村民都到古现赶集。古现集位置几经变迁，新中国成立前，设于古现西河；新中国成立后，迁于村北大街，东至福山精神病医院（旧址），西到咸盐市。1984 年，东迁至村新拓宽整修的东大街。

20 世纪 90 年代中期，古现镇政府投资拓展整修纵横贯通的古现集市大街，铺就柏油路面，分别设有粮食、肉食、水果、蔬菜、水产品、糕点以及服装家具等市，集市摊位面积达到 18000 平方米。市场上市品种丰富多样，上市经营者和消费者日渐增多，到 2003 年，市场交易日上市人数约有 6000 余人，上市摊位 350 余个，集日成交额 15 万余元。到 2012 年，集日上市商品达 4000 多种，年成交额达 1500 万元。

古现山会

古现山会　每年农历的三月初三，是炎黄子孙的元祖轩辕黄帝的诞辰，也是道教神仙真武大帝的生日。传说还是王母娘娘举办蟠桃大会的日子，为拜神祈福，古人设山会以示纪念。古现“三月三”山会规模较大，为福山三大山会（太平顶、黄家、古现）之一。新中国成立后，人民政府为了繁荣农村经济和活跃群众文化生活，利用山会形式进行物资交流，开展传统的民间娱乐活动。每年山会由村东大街赶集处延伸扩展到北边黄金河河床里，连赶三天。赶山会者来自四面八方，东到牟平、芝罘区；西至蓬莱、龙口市；南有栖霞、莱阳诸地。戏剧团、马戏团、杂技团也来演出助兴，三天三夜演出不断。每年此日，古现大街上彩绸飞舞、彩扇翩然，本村的秧歌队、高跷队积极参与表演；还有周边村组织的群众演员扭秧歌、跳扇子舞；学校师生的舞狮表演精彩纷呈，舞狮者随着锣鼓点闪展腾挪，施展矫健身手；古现西村的大鼓更显威风，鼓手们甩开膀子，一擂就是 10 多分钟。

古现庙会　传说农历四月十八日是泰山庙主泰山老奶奶的诞辰，同一日烟台有四大庙会，分别为蓬莱祈雨顶、古现凤凰顶、兜余太平顶、高疃清风顶。古现的庙会在凤凰山山庙举行，而“庙会戏”是凤凰山庙会的一大亮点。这一天，主办庙会的村庄会邀请职业戏班和当地戏剧爱好者搭台演戏。古现及周边村庄的群众届时聚集到凤凰山，入庙进供、烧香、购买农副产品、看大戏。虽然凤凰山山庙于 20 世纪 40 年代被拆除，但四月十八日赶庙会和看庙会戏的传统被一直延续下来。

古现山会、庙会，上会人数每年可达 5 万多人次，上市摊位 1000 余个。

三月三山会群众文艺表演

◉ 民间艺术

剪纸

剪窗花 窗花是古现一带在节日、婚嫁等节庆时，用红纸或彩纸剪出花鸟、人物、吉祥物艺术造型，用来装饰窗户的剪纸艺术。旧时农家窗为木棂窗、棱子窗，上糊白纸，半透明，贴上窗花，红白相间，令人赏心悦目，营造出热烈吉祥的气氛。花样一般有：莲花、金鱼、刘海戏金蟾，象征年年有余；喜鹊登梅寓意喜上眉梢；佛手、桃子、石榴，象征多寿多子。大多窗户中央贴“窗心”，由五六幅组成一组，一幅贴一棂，内容多为厅堂楼阁、才子佳人，有的是个鱼缸，内有金鱼数尾，意为金玉满堂。单幅多为小品，为嫦娥奔月、莲花生子等。窗花是古现一带土生土长的民间艺术，有着鲜明的艺术个性。

织花边 花边是19世纪末由国外传入烟台的一种手工艺品，由于便于操作，且可增加收入，备受广大女性喜欢，成为古现一带农村的一项重要的家庭副业。

花边的主要设备是花边机台，用木板制作，钉上矮腿，可放在炕上或在地上操作。台上放一用厚纸浆加工的样子模台，上面贴放花边样子（图纸）。主要操作工具是小棒槌，所以也叫棒槌花边。花边主要工艺是利用线与线之间的辫、绞、勾、拉形成图案，在图纸上用花边针（大头针）固定和转连。常用的编结技法有平织、隔织、密龙、介花、方结、稀布、密布、双稀、介花关针、灯笼扣、苇笠花、六对抄等。图案以装饰花卉为主，也有花鸟、龙凤等图案，既是高档日用品，又是精美的艺术欣赏品。

随着时代变迁，这项民间艺术已渐消失。

扎弓箭 自古至今村里一直有谁家生小孩请人扎弓箭挂在门外，以示报喜的习俗。因此扎弓箭就成了一项具有地方特色的民间工艺。

扎弓箭的主要材料有桃树枝、柳树枝、松树枝、竹子、古铜钱、红布红头绳、金银手工纸、五色布等。具体做法是：用桃树枝做弓一个，柳树枝做箭四支，四支箭中间做铜锤一把（锤用木杆、金纸、红布做成），共用古铜钱十四枚，用红头绳串十枚，名曰钱串子，用一尺二的红布制成方形旗一面，旗下两角各压铜钱二枚，旗正反两面贴上用金手工纸剪成的圆喜字各一个，旗的两面共八个角用金手工纸剪成云字头分贴其上，中间铜锤杆上绑上四种植物：葱、竹枝、松枝、桃枝。整个弓箭的各部分都有讲究，如“桃木弓、柳木箭，生个儿郎中状元”；十个铜钱串代表十全十美、招财进宝；五色布代表孩子五彩人生。方旗是表示生子喜事临门，旗下方所用铜钱四枚压坠，代表一生四平八稳；铜锤及四支箭代表上打昏君下打奸臣，铜锤上的四种植物葱是生长旺盛，桃枝辟邪，竹示气节，松枝代表长寿。

弓箭扎好后，生男孩挂在街门左上角，生女孩挂在右上角，待到孩子过满月时，由孩子舅舅来摘下永远保存。

糊仰棚 糊仰棚是三十多年前的事了，仰棚相当于现在的天花板，村里过去穷，房子都是土石垒起的，木头梁柱，建不起天花板，只能用简单材料扎一个架子，钉在墙上，糊上报纸，称为仰棚，也叫虚棚。这也成了东村里的一项民间手艺。以前经济条件差，村民谁家要盖房娶媳妇，洞房必须糊个新仰棚。糊仰棚的主要材料是胡秸（高粱秸）四十棵左右，铁钉、麻绳、报纸打底，花纸封面，黑手工纸剪花压边。仰棚中间图案用颜色不同的彩纸剪成“五蝠（蝙蝠）逢寿”或蝴蝶造型，起脊仰棚，共十二个角，每个角用黑手工纸剪成云字头压角贴边。仰棚糊好了，煞是漂亮，给房间增添了光辉和喜庆。

戏曲 古现一带的戏曲演出历史悠久，而且至今不衰。其内容多是传统老剧目，如《玉堂春》《白蛇传》《打渔杀家》《法门寺》等。抗日战争爆发后，八路军五旅十三团驻古现，在街上搭台唱戏，上演了一些新编剧目，如《闯王进京》《木兰从军》，还演出了一些歌剧，如《七叶河》《三世仇》等。

古现戏曲人才很多。老旦演员王镇山、老生演员董少甫、古现东村第一任党支部书记朱元禄、原党支部书记王丙见和老伴李广华都颇有名气。

2005年，村集体投资建设了文化大院，村里专门为戏剧爱好者和票友们提供了文化活动室，每周一和周四下午，票友们在这里吹拉弹唱，有时还与外乡票友进行串联交流。每逢山会，古现街道办事处也请职业戏班和当地戏剧爱好者搭台演出。

雷鼓 雷鼓是流行于古现一带的古老民间艺术，已有800多年的历史。

雷鼓是凤凰山庙会和逢年过节时，游艺活动中排在最前面的开道节目。一般形式为，击鼓舞蹈队列两行，大鼓12面、24面或36面，队前有一老者指挥，一声鼓令，击鼓者手舞系有红绸的鼓槌按节奏击鼓，绸带飘舞谓之“闪”，鼓声隆隆称之“雷”，雷鼓由此得名。

雷鼓的鼓身，鼓面中间绘有太极阴阳图，四周绘有祥云图案，鼓身朱红色，雷鼓槌，长二尺半许，柳木制，槌前槌后都刻有龙头，龙身缠绕槌柱，后端张开的龙嘴里系有红绸。击鼓手服装一般为黄衣红巾或白衣红巾，色彩艳丽，有阳刚之气。鼓点一般为老套路，快慢结合，边敲边舞。表演的内容十分丰富，多与道教文化有关。

古现一带的雷鼓表演阵容庞大，一支雷鼓队伍由几十人甚至上百人组成，场面壮观，古朴严肃，其一招一式都豪放大气，铿锵有力，震人心魄，体现出古现人朴实、大度和勇往直前的精神风貌，是古现地域文化的象征和名片。

灯会 旧时磁山脚下的古现灯会为福山之冠，历代县志均有记载。

古现灯会有官办、族办、村办，历史上王氏家族的灯会特别隆重热闹。花灯样式有西瓜灯、宫灯，还有的扎成动物、鱼虫等式样，很受人喜欢。灯上的画面取材相当广泛，有历史人物、山水风景、神话故事、杂技、动物、花卉等。

观灯，还有猜灯谜活动，非常有趣，群众喜闻乐见。

◉ 谚语

气象谚语 早晨放雾露，晌午晒葫芦。朝看东南，夜看西北。东虹雾露，西虹雨。天黄有雨，人黄有病。早晨胭脂红，无雨必刮风。天上起鱼斑，明天晒谷不用翻。老龙斑，不过三，过了三，还得十八天。大旱三年，忘不了五月十三。谷雨以后下场霜，百天以后下满缸。春冷秋热，必是雨节。八月初一下一阵，干到来年五月进。八月十五月不明，正月十五雪打灯。立冬十月节，反风就是雪。重阳无雨看十三，十三无雨半冬干。不怕初一阴，就怕初二下。云彩往南，扛着锄头上山。豆黄麦黄，叭子一天一场。清明断雪不断雪，谷雨断霜不断霜。朝怕南云涨，夜怕北云堆。乌头风，白头雨，黄头下叭子。旱刮东风不下雨，涝刮东风不晴天。西北风是开天的钥匙。春旱干不杀，秋旱一刀刮。

农时谚语　早浇花，午浇瓜。过了“芒种”，不得强种。八成熟，十成收，十成熟，二成丢。头伏萝卜，二伏菜（白菜）。七月十五（农历）定旱涝，八月十五定年成。立冬的萝卜小雪的菜（指收获）。棘子发芽，点豆种瓜。春天捅一棍，秋后吃一顿。白露早，寒露迟，秋分前后最适宜（指种小麦）。鞭杆芝麻卧牛黍（指种芝麻、黍子株距要大些）。一穗两穗，四十天入囤（指小麦见穗后，再过四十天即麦收）。

生活谚语　头锅饺子，二锅面。宁吃飞禽一口，不吃走兽半斤。多贪一口食，折了四两膘。吃不穷，穿不穷，打算不到一世穷。朝喂猫，夜喂狗。打人不打脸，骂人不揭短。南京到北京，买的不如卖的精。豆黄蟹子麦黄杏。守着勤的无赖的，守着馋的无攒的。儿孝不如媳妇孝，闺女孝不如女婿孝。人要脸，树要皮，不要脸的没法治。

◉ 歇后语

大蒜爆锅——混葱（充）
黑瞎子跳高——又熊又不老实
羊群里跳出个驴来——混充大个
吃大烟拔豆棍——各事各码
罗锅子上山——前（钱）紧
黑瞎子睡凉炕——仗着腰板硬
吃地瓜用接碟——穷谱
黑瞎子叫门——熊到家了
阎王爷贴告示——鬼话连篇
母鸡打鸣——出力讨人嫌
碟子里洗澡——水浅
麻袋片缝龙袍——不是那块料
苍蝇转锅台——混饭吃
老鼠跳在猫头上——大胆了
大喜子他妈吃面——没有数
长虫戴草帽——混充细高挑
老太太奔鸡窝——拣蛋（简单）
搂草打兔子——当捎
冰块掉进醋缸里——寒酸
海蜇包饺子——不成丸
鸭巴子和鸡亲嘴——口大口小
嘴上抹石灰——白吃
黄瓜打驴——去了一截子
十个眼的喇叭——捂不过来了
豆腐掉在灰里——吹不得打不得
锄钩子掏火——又弯又黑

方言

语音 古现东村居民皆为汉族。语言属汉语北方方言，华北东北次方言区胶东方言。因受地域的影响，与近邻栖霞、蓬莱方言和本地语言交相掺杂，境内方言语言形式与普通话基本相同，但在其演变过程中，有些也形成了自己的特点，属典型的老福山方言。

村人语音中声母没有 zh、ch、sh、r，而分别由 z、c、s 和 j、q、x 取代。并另有舌后音的gi、ki、hi。

古现东村方音分尖团，普通话不分。将团音字读成尖音字，古现人称为吐舌。20 世纪 50 年代国家推广普通话，60 年代出生接受高等教育而回乡工作者，已有人将团音改为尖音。及至 70 后、80 后乃至 90 后，改为尖音的人越来越多。

词汇

太阳——日头
上午——头晌
下午——下晌
流星——贼星
彗星——扫帚星
昨天——夜来
一会儿——没趋歇儿
天天——见天
下小雨——放雾露渣
晴天下雨——晴天漏
冰锥——冰漏钻
结冰——冻冰了
冰雹——叭子
痱子——热疙瘩
膝盖——波娄盖
模样——漂儿

山林——岚子
土豆——地蛋
半夜——半宿
伏季——伏当
海带——江菠菜
水果核——固儿
雄狗——牙狗
双胞胎——双棒子
收玉米——剥苞米
缰绳——纲绳
理发——剪头
借债——拉饥荒
饭店——馆子
公驴——叫驴
母驴——草驴
乌鸦——黑老哇

拍手——拍巴掌
叉腰——卡腰
调解——调和
剪——绞
肥皂——胰子
吃饭——啖饭
萤火虫——狗屎虫
周围——四围遭
高粱——胡黍
狼——犸子
喜鹊——鸦秋
烟囱——釜台
手电筒——电把子
围巾——围脖子
占便宜——占上益
蜘蛛——老老蛛
猫头鹰——咕咕喵
蚜虫——密虫
螳螂——刀龙
蛤蟆——疥疤子
顶棚——仰棚、虚棚
火柴——触灯
骂人——噘人
吵嘴——接仗
数落——扒讼
肚脐——迷丑
修理——掇弄
撕开——来开
放好——稳好

糟蹋——捉所
撮——策
拿着——得着
拴——缆
傻——彪
口吃——磕巴
饺子——箍揸
酵母——引子
酱油——清酱
醋——忌讳
娶媳妇——张媳妇
出嫁——发付
去世——老了
青——铮青
紫——血紫
黄——焦黄
黑——墨黑
剥——扒
腼腆——害淡
多——老鼻子
小——没大点
整个——囫囵个
眨眼——磕巴眼
骗人——熊人
提着——提拉咋
不理睬——不耳习
结实——挺妥
心眼多——精细
固执——犟孙头

受不了——草鸡

讨厌——隔殃

选择——挑挑

不好——不值

拥挤——塞巴

修理——扎固

走运——走字

搅动——喝娄

恫吓——哈唬

竖立——创

头发——头浮

方言举例 大哥，你诚的犟，正晌白午大不瞧儿害冷，这是热儿了。正合适儿，夜来，俺大伯儿刚捎的茶，我弄壶水，你喝点儿，解解渴，等没处歇儿就好了。把你的家把什儿稳墙角谷儿，别叫那些小东西儿乖了。身儿全仗儿自各儿贵珍，磕打出病儿可乍古儿点儿了。扎固一围遭不好，花儿钱遇伶人，落不了儿自各儿受罪。你看老伙家，你扎搜儿冰棍儿啖儿糖儿，还不快溜张罗大哥，姊妹浑家不挑眼儿，外人笑话。哎，人家说，不能尽听广告掰话，自各儿心里得有底儿。是药三分毒，但凡呀不也不呀。不及呀好的补。老辈儿过穷日儿，连触灯儿、胰儿都没有，睡觉不枕头枕，过年呀不上箍儿，连油儿都不割舍呀，别说割肉呀。现时今，鸡鸭鱼肉不稀罕，萝卜地瓜留儿解馋儿。想没想儿，大跃进那一年儿，邹家庄表叔在突击队，上大岙挑麦儿，赶上下雹儿，连饿带累，把脚孤拐儿磕儿了，老了，找齐上了。一把钥匙开一把锁，磕儿了，就得养护。时下可好了，种庄稼使唤机械，出门办事儿坐客车。做饭也省事儿了，尽买现成的，喝矿泉水儿。做点儿饭儿也不烧草儿，使唤气儿和电儿。照亮儿点电灯。如今，外面有人，跟家也不用挂挂儿了，有事儿打个电话，心里就入贴了。有急事儿，索性打的去办，就是坐飞机也不愁。

（普通话译文）

大哥，你太犟了，中午突然感到冷，这是中暑了。正合适，昨天，我大哥刚刚捎的茶，我烧壶水，你喝点儿，解解渴，等一会儿就好了。把你的工具放到墙角处，别叫那些孩子动了。身子全靠自己疼爱，折腾出病就不好了。治疗一半天不好，花钱丢人，最后自己受罪。过去过穷日子，连火柴、肥皂都没有，睡觉不枕枕头，过年吃不上饺子，连花生油都不舍得吃，别说割肉吃。现在，鸡鸭鱼肉不稀罕，萝卜地瓜留着解馋。还记得吗？“大跃进”那一年，邹家庄表叔在突击队，上大山挑麦子，赶上下冰雹，连饿带累，把脚踝骨摔坏了，老了，愈发抵抗不了了。一把钥匙开一把锁，摔坏了，就得调养。时下可好了，种庄稼使用机械，出门办事儿坐客车。做饭也省事了，尽买现成的，喝矿泉水。做点饭也不烧草，用气和电。照明用电灯。如今，外面有人，在家也不用惦记了，有事打个电话，心里就踏实了。有急事，索性打的去办，就是坐飞机也不愁。

说明：与普通话对应的方音未注明，对照文字自然明白。如，普通话喝水的“喝”，福山话说“哈”，读三声。

◉ 传说

落山坡的传说

很多年以前，古现河北村有个穷小子，姓王，都叫他王小。王小的父亲死得早，撇下他跟母亲相依为命过日子。他母亲常年病病殃殃的，躺在炕上喘气的劲儿都没有，更谈不上干什么营生了。这样全靠王小给本村一户财主放牛，挣点粗粮麸皮，夹和着野菜维持着母子两条命。

王小天天在落山坡（一说罗山坡）上放牛。落山坡坐落在古现南五六里远的地方，是个荒坡，长满了青草，又有泉水，是放牛的好地方。他一边放牛，一边剜点野菜，拣点树枝，割点青草，天黑捎回家去，就锅上锅下都有了。偶尔能掏几个雀蛋，就煮熟给母亲吃。王小聪明伶俐，可捞不着读书，他母亲每想到这里就吧嗒吧嗒掉眼泪。日子就这样一天天过着。

有一天，王小正在落山坡给财主放牛，忽见一个风尘仆仆的中年人来到落山坡“圣水泉”边，把一个小坛放在地上，东张西望地转来转去，然后折了根枯树枝插在地上，又到别处转悠去了。这人在干什么？王小觉得奇怪，就走过去看他插的树枝。一看，更奇怪了：明明看见那人是将一根干透了的枯树枝插在“圣水泉”旁，转眼工夫就发芽了！王小心里咯噔一下，明白是怎么回事了。他听人说过，有一些南方蛮子，常用坛子装了老家的骨殖，到北方来踩地气。踩着了，把坛子一埋，他们家的日子就会发达，子孙后代就会做官。这人准是来踩地气的。这落山坡正是他踩的地气！想到这儿，他连忙把发了芽的枯树枝拔了，找个地方掩好。然后又折了一根粗细、长短、样子都差不多的枯树枝插到原处。这工夫，那个中年人急匆匆地转了回来，王小也急忙远远躲开，低着头剜野菜。那中年人过来拔起枯树枝，左端详，右打量，并自言自语地嘟囔道：“咦！看花眼了？不，不会错。”他摸着头想了想，就把王小招呼过来说：“我到山顶上去一趟，你在这泉旁好生看着它会有什么变化。”

南方蛮子上了山顶，使劲跺了三脚，此刻在泉旁的王小看得真切，只见泉水跟着蹿了三蹿，蹿得老高。南方蛮子从山顶跑下来问：“这泉水有什么变化没有？”为了打消南方蛮子认为此处有地气的念头，王小说：“泉水一直就这么流着，能有什么变化呀？”中年人摇头，叫王小上坡顶跺。王小爬到坡顶，高抬腿，轻落脚，佯装连“跺”三次，泉水平静无波。南方蛮子心中疑惑，自语道：“难道是个火气？”南方蛮子还是不泄气，就又从布袋里摸出几个鸡蛋，放到泉水里，对王小说：“你帮我看着它，别告诉其他人，你也别动它，我到山下古现街里吃点饭，回头捎烤饼给你吃。”王小应允。待南方蛮子走后，过了一会儿，又过了一会儿，他拿出一个鸡蛋对着日头一瞅，里边浑了，他明白了，这泉水的温度能孵出小鸡来！为了进一步打消南方蛮子认为此处有地气的念头，他一口气跑回家去，向邻居借了几个鸡蛋在锅里煮了，迅速跑回落山坡，急三火四将泉水里的鸡蛋捞出来，换上从家里带来的熟鸡蛋，然后把南方蛮子放在泉里的鸡蛋在别处掩好。

过了一会儿，南方蛮子从古现街上吃完饭回来了，他急忙从泉水里捞出鸡蛋看，结果里边连小鸡的影子也没有。他瞅了瞅落山坡，自言自语地说：“看错了，真的看错了！”他摇晃着头，带上小坛失望地走了。

“踩气”人走后，王小回家把事情的经过一一向母亲说了一遍，征得母亲的同意，他去对财主说，要买下落山坡，让家人死后有个葬身的地方。这财主是败家子，早就不想要那兔子不屙屎的荒山坡了，听王小要买，喜出望外。暗想：几年没给他放牛钱，这块穷坡给他也合算。于是大方地说：“你给我放了几年牛，不用买，我留着也没用，送给你吧！”王小认为，空口无凭，执意要写契为据。财主答应了。

写契那天，王小杀掉家里仅养的一只鹅，又买了一些酒。待财主和写契人来王小家就座后，王小把煮熟的鹅放在食盒里提上，用大碗把酒斟满，请他们吃喝。饭后财主一字不提王小放牛的工钱，却说：“就把今天吃的喝的作为地价，写在契上。”王小答应。写契人拿过文房四宝，指指划划口里念叨说：“一海碗酒，一食盒鹅，王小换了个落山坡。怎么样？”财主笑着点头：“对，行。”

写契人见此事财主不拿当回事，他也就不拿当回事，铺开纸，唰唰写完字据，并在字据上闹了个玩笑：“海碗”简称“海”字，“食盒”改成一个“河”字，字句就成了“一海酒，一河鹅，王小换了个落山坡。”财主看也没看，买卖双方和见证人按上手印，就叫王小收拾了。

买下落山坡不久，王小就请人把祖坟迁到落山坡。从此，王小就白天晚上读书，勤奋刻苦，孜孜不倦。因为他天资聪颖，祖坟葬了个好茔地又沾了灵气，这年开考，王小中了进士，做了官。多年以后，王小的儿郎又中了进士做了官；再后来，王小的孙子又中了进士做了官。

当年那财主的后人见情反悔，断定落山坡有地气，让王小给哄了去，就想赎回来。于是就告到县府，要赎回落山坡。县官升堂时，财主的后人说："当初王小请我祖父吃的东西，我现在加倍还他。"王小的后人听了微笑说："只要你还得起，我愿将落山坡归还给你，请大人秉公照约断案。"衙役把王小家的契约放在公案上，县官一看惊奇不解，只见契上写道："一海酒，一河鹅，王小换了个落山坡。"这样契约上的地价就是"一海酒，一河鹅"。县官问财主的后人：能付得起吗？财主的后人哑巴吃黄连，有口难辩，只得认输。

凤凰山的传说

紧挨古现东村南处有一座充满神奇色彩的山，名叫凤凰山。凤凰山有三顶，中间高，两翼低，远看似凤凰展翅。山顶常年松树翠绿，景致宜人。

相传，很早很早的古时候，有一老汉在凤凰山下种了一片西瓜，因老汉精心侍理，那一片地里的西瓜长得特别好。在这片西瓜中，有一个长得出奇的大，人见人夸，并觉得惊奇。一天，突然有一个白发银须的老道士来到西瓜地里，一眼便瞅见了那个大西瓜。他用拐杖指着那个大西瓜说："我提前买下了这个瓜，等到'冬至'时，我准时来取瓜。"说着便从怀里掏出一些碎银交给老汉。老汉听后以为老道在说胡话：冬至已是天寒地冻、大雪封山的季节，西瓜早就冻烂了……待老汉要问他时，老道士已杳无踪影了。

斗转星移，西风渐凉，大雁南飞，黄叶遍地，凤凰山已被凛冽的寒风吹去了绿装，老汉那满地的西瓜也早已枯黄。说也奇怪，唯独那个特大的西瓜还是晶莹翠绿，个儿还在疯长。老汉心痛怕西瓜被冻坏，冒着漫天飞雪将其摘下来，抱回家去。到了冬至那天，白发老道果然拄着拐杖来取瓜，当发现地里的那个大西瓜已被老汉摘走，气得浑身哆嗦，脸色紫铜一般。他来到老汉家，见面就怒斥老汉不讲信用。老汉争辩道："你这老道怎么不讲道理？天这么冷，我怕把瓜给你冻坏了，出于好心才把它摘回来，天天用棉被包着，不信你看！"说着老汉撩起被子，只见那瓜更加翠绿，在热炕上闪闪发光。

老道听到这里，无可奈何，只好将瓜抱走了。老汉疑惑不解地也跟在后面走。

那老道来到凤凰山下，将西瓜放在半山腰间，手持桃木剑，焚上一炉香，然后用剑直指天空，口中念念有词，约莫半个时辰，只听见一声鸟鸣，凤凰山裂开了一道口子。老汉直眼望去，只见那裂缝中闪出道道金光，里面有座宫殿式的建筑，在宫殿的房顶、四周树上全挂满了金银财宝。忽地一声，那西瓜裂了，流出一地鲜血！

牟子村的传说

相传，秦朝初年，秦始皇到胶东巡视海疆，到处打听牟子国的后裔们居住的地方。经当地县令仔细打听，终于弄清了真相。原来牟子国后裔们在亡国前的一个深夜逃到胶东半岛腄县海边一个叫古县的村子里。这个村子依山傍海，攻可出山，退可入海，是个易守难攻的村堡。秦始皇听了腄县令的报告，第二天，他来到这个村，叫侍卫们先埋伏在村外，他自己化装成一个老者，颤颤抖抖地进了村。这时，他看见山路上走来一个四十岁左右的中年妇女。那妇女抱着一个七八岁的孩子，身后一个三四岁的孩子跟着走，小孩岁数小走不快，那妇人就大声喊他："快走！"秦始皇心想，他来胶东，听说牟子国的后裔人心不古，心术不正，果然不假。你看这妇人，抱着大的却领着小的，这不表示把是非颠倒了么？叫这些人到北面修长城，罪有应得。

于是，他疾步走上前，当路一站，对那妇人道："你这村妇，两个孩子一个大一个小，你为何抱大的，却叫小的跟在后面自己走，你这心也太黑太偏心眼了吧？"

妇人道："老大哥有所不知，我怀里抱的是邻居家的孩子，可怜他小小年纪，父母双亡，失去了母爱，即便抱着，也不如他自己的父母好；而在后面走的是我自己的孩子，他父母就在眼前，即使走得累点，也是十分幸福的。我抱大的，领小的有何不可？"

秦始皇听后大吃一惊，想不到这牟子国人如此通情达理，这样的好人怎能让他们去修长城呢！于是出了村，叫腄县令给这个村免三年赋税的待遇。

鲁菜之乡

鲁菜是中国四大菜系（后来发展到八大菜系）中形成最早、影响最大的菜系。烹饪界公认的鲁菜发祥地有两个，一是济南历城，另一个就是胶东福山。胶东福山菜作为鲁菜的一大支系享誉已久。2001 年，中国烹饪协会冠名福山为“鲁菜之乡”，而古现东村则是福山菜的主要发祥地。

烟台是个好地方，鱼鲜蟹肥饭菜香。
自古大厨多古现，名副其实鲁菜乡。

◉ 起源与发展

一方水土养一方人。地处胶东半岛北端的福山，早在一万年以前就有人类繁衍生息。夏商周时期，此地东夷人的渔业、盐业已很发达，而古现牟子国炼铁遗址也表明，春秋战国时期这里的先人已经能制作炊具和厨具。渔业、盐业和冶铁业的发展，为烹饪技术的提升创造了良好的条件，这是福山成为鲁菜发祥地的历史基础。除此之外，还有四个重要条件：

第一，这里地理条件优越。福山土地肥沃，气候适宜，物产丰富，粮食、水果、蔬菜品种繁多，有“果蔬之乡”盛誉；这里北邻黄海、渤海，海岸线长，不仅渔业水产品丰富，而且品质优良。如沿海盛产的海参、鲍鱼、大对虾、乌鱼蛋、干贝、海蛎、海肠、大蛤、海螺、加吉鱼、黄花鱼、偏口鱼等，这些海珍和小海味名列全国之冠，其他地方不可比拟，为福山成为“鲁菜之乡”奠定了雄厚的物质基础。

第二，福山历来经济发达，商业繁荣，水路交通非常发达，往来客商云集。这里自古外出为官和经商的人较多，本地商贾豪绅也大有人在，他们有钱，讲究吃喝，这些“美食家”为当地餐饮业的繁荣起了有力的助推作用。

1861 年烟台开埠以后，“烟台街”一带“灯火家家市，笙歌处处楼”，商贸业的快速膨胀更是极大地刺激了福山菜的发展。

第三，群众基础深厚。“三辈子学吃，五辈子学穿”，福山一带家家户户的主妇都做得一手好菜。来人来客，逢年过节，拿不出一手好饭菜，是没有面子的。因此，家家户户都注意从小培养后一代的烹饪技能。凡姑娘出嫁时，都要求掌握日常烹饪技法。

第四，名师大厨的引领。福山的厨师队伍在很久以前就形成了，在餐饮行业中统称“帮”。福山的“帮”大多是以地域为称谓，如“古现帮”“高疃帮”“门楼帮”等等。这些帮都有自己的“大师傅”，负责传、帮、带，把精湛的烹饪技艺传授给下一代。历代厨师队伍的发展壮大，烹饪技术的代代相传和丰富提高，为福山风味鲁菜的发展注入了极大动力。

福山菜不仅闻名胶东，而且早就轰动京师。明清时期，特别是明成祖迁都北京后，全国政治、经济、文化中心北移，这个时期鲁菜得到迅速发展。有史料记载：“北京菜山东风味历史最长，影响最大，当时山东在北京有两帮，一为福山帮，一为济南帮。福山帮精于烹制海味，以清鲜、脆嫩、原汁原味的风味特点，在北京独领风骚，经久不衰。”

鲁菜在明清时期不仅扩大到京津，而且还远播至白山黑水之间，华岳伊洛连成一片，成为影响最大、地域最广的菜系，名列四大菜系榜首。清末民初，鲁菜开始向海外拓展。仅福山风味的鲁菜馆就有 700 多家，分布在五大洲 30 多个国家，福山籍厨师在中外饮食交流中，不断吸收国外烹饪经验，扩大了鲁菜在海内外的影响。

新中国成立后，特别是改革开放以来，福山的烹饪业逐步得到恢复和发展。为弘扬福山“鲁菜之乡”的优秀烹饪文化，继承、发掘、研究福山传统鲁菜，于 2001 年成立了福山烹饪协会。自协会成立以来，先后组队派员参加了“全国第五届烹饪技术大赛”“首届中国鲁菜饮食文化节”“中国（烟台）五彩缤纷国际美食节”“中国国际美食节暨中华鲁菜技艺大赛”等共荣获金奖 13 个，银奖 8 个，福山烹饪协会获得“全国餐饮先进团队”称号。通过这些比赛，展示了福山“鲁菜之乡”的烹饪技术水平，也推动了鲁菜的不断创新发展。

2013 年 9 月第五届中国（烟台）国际美食节

◉ 烹饪技法

福山菜成名靠的是精湛独到的烹饪技法。福山菜的烹饪技法成熟完备，把鲁菜烹制技法推向完美至臻境界。福山烹饪包括菜肴、小吃、面点及相关饮食文化，自成体系，代表了鲁菜的一方特色，名菜佳馔在中国烹饪界占据重要位置，成为鲁菜的重要支柱。

福山菜之所以长盛不衰，主要在于选料讲究，刀工精细，调味得当，工于火候，烹调技法全面。烹制出的菜肴鲜咸适口，清脆细嫩，原汁原味，适应性强，具有风味独特、个性鲜明的特色。尤其对海珍品和小海味的烹制，堪称一绝。

选料 福山菜在用料上做到主料、辅料、调料三位一体。在主料、辅料的使用上讲究搭配合理、相得益彰。在调料的使用上，讲究既要突出原汁原味，又要解腥去膻。在原料的选择上讲究鲜活，例如做清蒸加吉鱼必须用 0.75 ～ 1 千克的活鱼，糟溜鱼片必须用活的鸭片鱼或黄花鱼，炒海肠所用的海肠须现杀现用。菜蔬不嫩不用，小海味突出原汁原味。

福山菜在菜品和原料的选择搭配上还十分讲究时令，例如，“脍，春用葱，秋用芥。豚，春用韭，秋配蓼。脂用葱，膏用薤，三牲用茱萸；春韭芽配炒猪肉丝及小春虾，肉煮不烂用山楂”等。这些有效的烹饪方法，至今还在沿用。夏日长而热，选海鲜宜早晚。冬日短而寒，宜食牛羊肉。春夏宜用芥末拌凉菜，秋冬宜大蒜当佐料；春夏可佐菜根笋，春秋可烹调海中百物。为了保证菜品质量，福山菜还讲究分档准确，绝不误配。

例如，做筒子鸡必须用肥母鸡，而青椒辣子鸡必须选用小雏公鸡，做芙蓉鸡片必须用鸡脯肉等。所谓原料百样，四时有序，去竭纳精，从不滥用，为福山菜品之精髓所在。

福山菜品不仅在原料上取优，而且在佐料上也有选择。例如：酱用伏酱，油审生熟，酒选酿酒，醋推陈醋，酱油分清浓，其他葱、椒、姜、桂、糖、盐虽用不多，但选上品用之。

刀工 讲究刀工是福山菜成名的重要因素。福山厨师墩上妙刀生花，是世所公认的。把肉丝切得又细又匀，把鱼片切得又均又薄，有利于均匀受热，迅速成熟，保持肉鱼营养和水分，使菜肴鲜嫩可口。老一辈厨师在表演切肉时，常把肉放在一块绸布之上，肉丝切好后，绸布迎着太阳光照看时，毫发不损。快捷漂亮的刀工，是福山厨师的传统绝活。

调味 善于用汤调味是福山菜的特殊技法。汤有“清汤”“奶汤”之别。早在《齐民要术》中就有制作清汤的记载，经过长期实践，现已演变为用肥鸡、肥鸭、猪肘子为原料，经沸煮、微煮，“清潲”等多道工序，使汤清澈见底，味道鲜美。奶汤则呈乳白色。用“清汤”和“奶汤”制作的菜品，多为列入高级宴席上的美味佳肴。

善于以葱香调味，也是福山厨师的特殊手段。在菜肴的烹制过程中，不论是爆、炒、烧、溜，还是烹调汤汁，都以葱爆锅，就是蒸、扒、炸、烤等菜，也借助葱香提味，如“烤鸭”“烤乳猪”“锅烧肘子”“炸脂盖”等，均以葱段为佐料。

火候 福山菜非常注重火候，刀功和火候是保证福山菜“清鲜脆嫩”的关键环节。山珍海味、飞禽走兽，乃至瓜果蔬菜要达到入口脆嫩，皆须掌握火候。福山的大厨师们最善于把握火候，使菜肴恰到好处，并创造出许多体现火候水平的烹饪技法。

烹制 福山菜烹饪技法很多。据史料载，明清时期福山已有100多种烹饪术语，其中多涉及烹饪技法，如：炙、脯、腊、脍、朐、沸、鲭、鲊、膊、酪、酥、剁、馅、乳腐、泔、绺蒸、汁、炖、烘、熏、炒、蒸、焊、烈、酝、酿、腌、熬、煎、爆、炮、溲、燔、煨、烙、焙、熇、塌等等。其中每种技法又可细分很多，以爆、塌为例，其爆法可分为油爆、汤爆、葱爆、芫爆、酱爆、火爆等多种。爆制菜须旺火速成，特别是油爆菜，必须是急火快炒，包以芡汁，连续操作，瞬时完成，这样才能把营养素保护好。食之脆嫩鲜香，清爽不腻，塌法也是福山菜独有的烹调方法，其主料要事先用调料腌渍入味或夹入馅心，再沾粉或挂糊，两面煎至金黄色，放入调料或清汤，以慢火焙尽汤汁，使之浸入主料，软糯味鲜。福山广为流传的“锅塌黄鱼”“锅塌鱼肚”等，都是人们所称道的传统名菜。

扒贝脯

韭香海肠

糟溜鱼片

辣炒花蛤

清蒸老板鱼

福山菜对海珍品和小海味的烹制堪称一绝。无论是参、翅、燕、贝，还是鱼、蛤、虾、蟹，一经福山厨师烹制，都可成为精美的名菜佳肴。仅胶东沿海生产的偏口鱼，运用多种刀法处理和不同烹制手段，便可做出上百道传统名菜。其色、香、味、形各有特色，百般变化于一鱼之中。

◉ 经典菜品

海鲜类 福山地处黄海，有 46.8 公里海岸线，具有丰富的海产资源。有质地优良的海参、鲍鱼，对虾、乌鱼蛋、干贝、海蛎、海蛏、海肠、偏口鱼等。

海参，福山产的刺参，蛋白质极其丰富，为重要滋补品，是我国 20 多种食用海参中的极品。福山菜对海参的烹制技法很多，有葱烧海参，虾籽海参、蟹黄海参、红烧海参等，味道鲜美，是久负盛名的名贵菜肴。

干贝，其鲜品称扇贝，肉味鲜嫩。福山菜以干贝为原料的芙蓉干贝、绣球干贝、红烧干贝、爆辣干贝都是驰名中外的菜肴。

鱼翅，鱼翅与燕窝齐名。宴席上常把鱼翅列为上品。鱼翅以鲨鱼鳍干制而成。福山有名的鱼翅菜有清汤金鱼翅、三丝鱼翅、扒蟹黄鱼翅等。清汤金鱼翅是名贵菜肴，是用鱼翅、鹌鹑蛋制成"金鱼"平摆于盘中，上屉蒸好，放入清汤中，鱼形逼真，翅丝欲动，大有"鱼翔浅底""金丝浮波"之意趣。

福山沿海生产的珍贵小海产品，品质优良，是其他海域没有或不能比拟的。如：乌鱼、鱿鱼等产量多，质量高。烹制多用鲜货，很少用干制品。牡蛎个大肉厚，蛏子体长味鲜，大蛤、海螺肉质鲜嫩，加以适当烹制，令人百食不厌。

淡水鱼类 福山淡水鱼制作兴于20世纪60年代初。一些外地客人经常称赞福山淡水鱼做得好。福山厨师烹制的淡水鱼，风味独特，既有别于川粤菜系淡水鱼菜肴，又不同于海鱼菜品。这些淡水鱼系列菜肴，既保持福山风味鲁菜咸鲜适口的基本特征，又呈现出清鲜、脆嫩、细腻等特点，为福山风味鲁菜增添了新的门类。

禽畜类 烹制陆畜飞禽是福山厨师的一大绝活。据记载，光是鸡、鸭、猪、狗、牛、羊、鸽、雁及蛋类菜肴就有几百种。常见的有，炸鸡签、红焖鸡、熘杂拌、锅烧里脊、烧大肠、红焖肚、馏腰花、熘肝尖、糖醋排骨、四喜丸子、炸八块、金银鸡、空心丸子、干炸里脊、汤爆肚、爆双脆、干贝肚、琉璃丸子、锅烧肉、芙蓉鸡片、辣子鸡、锅塌肉、炸春卷等。福山厨师还能利用可食用原料制作出上百种具有观赏艺术的花式冷荤菜品。

蔬菜类 福山菜讲究荤素搭配，一桌菜必有素菜垫席，如：春季有苜蓿韭菜、芙蓉韭黄、炸椿头、椿头丸子；夏季有红烧茄子、柿子鸡蛋、清炒辣椒、清炒黄瓜、干煸芸豆；秋季有干煸头菜、醋熘白菜、清炒丝瓜；冬季有炒雪里蕻、炒绿茶豆、炒豆芽、虾炒萝卜丝等。这些素菜搭配在酒席宴上，既增加了菜品的花色，又起到了平衡膳食，调适胃口的作用，显示出福山菜肴的科学性。

甜食类 多以水果为原料，福山水果驰名中外，享有"苹果之乡""大樱桃之乡"的美誉，四季盛产的鲜果和干果按照时令季节，经常列入招待贵客的宴席，俗称醒酒盘。如：拔丝苹果、拔丝山药，蜜汁百合、冰糖莲子、冰糖桃梨、大樱桃果汤及什锦果盘等。都能为高规格的宴席起到锦上添花的作用。

面食 福山面食最具特色。制作技术有擀、切、抻、压、捏、搓、包等手段。面食制品有家常饼、千层饼、发面饼、大锅饼、烤饼、盘丝饼，肉火食、糖火食、椒盐火食、硬面火食、大枣饽饽、开花饽饽、光顶饽饽、油卷饽饽，福山大面、手擀面等。福

杠子头火烧

家常饼

水饺

山大枣饽饽、福山大面、叉子火食、硬面锅饼并称为福山四大面食名食，在人们饮食生活中占据重要地位。

特色小吃 作为“鲁菜之乡”的福山风味小吃，因其历史悠久、品种繁多、制作精细、造型美观、风味独特而盛传于世。

◉ 名师大厨

长期以来福山曾涌现出许多名厨高手，通过他们的努力，福山菜得以流传于国内外，对鲁菜的传播和发展做出了重要贡献。

二十世纪二三十年代，在北京楼、居、堂、坊从事烹饪的一些掌灶厨师，大多都是福山人，如东兴楼的郭友重、柳运鹏、王明理，泰丰楼的吴行官、王世珍，萃华楼的曲有功，玫美楼的孙文吉，同春楼的郭光恩、孙懋峰，安福楼的林文桐、牟长勋，新丰楼的王行斌，居里堂的朱家德，惠尔康的蔡其厚，福金管的孙中英，惠丰堂的刘家训，便宜坊的苏德生等，都是深有影响的名厨。

北京城于 1930 年开业的丰泽园饭庄，创办人是福山浒口村人，非常精明，善于经营，对鲁菜技艺了如指掌。开业时 6 位堂头中有 5 位是福山人。1946 年又增加 8 位师傅，全是福山人。这些人来自“烹饪之乡”，都是一流的高手。开业时的 6 位厨师则都是济南人。开业伊始的丰泽园将“福山帮”和“济南帮”同时并举，将两大优势的人才集于一堂，融于一体，这在当时的北京是独树一帜的。《中国烹饪百科全书》评到：丰泽园饭庄“几代名厨掌灶，所制菜品清鲜脆嫩，卓尔不凡，尤以清汤、奶汤菜冠名全市。”

由于丰泽园名噪京城，誉满古都，各界名流纷至沓来，终日贵宾盈门，车水马龙。如：曹锟、吴佩孚、唐生智、张作霖、张学良、白崇禧、李宗仁等军政要员，梅兰芳、程砚秋、谭富英、荀慧生、尚小云、马连良、张君秋等京戏艺术家，胡蝶、赵丹、周璇等著名电影演员，以及张大千、齐白石、徐悲鸿等绘画大师，都是丰泽园常年的堂上贵宾。这些要人名流更使丰泽园名声日隆，极大地提高了其身价。

同时期还有哈尔滨新世界的邹明仁；上海丰泽楼的吴辑健、吴语廷、张传信，燕云楼的谭廷东，大雅楼的王岳、吴语章；大连福丰楼、福德楼的柳忠恒、柳晓东、柳玉芬等；青岛顺兴楼的王治平、“飞刀王”王传选，东兴楼的高培兴，中国大饭店的赵庆山等，这些福山籍的老一代厨师，都在当地烹饪界享有很高的声誉和威望，为福山菜的传承和发展做出了不可磨灭的贡献。

新中国成立后，福山籍的老一代厨师焕发青春，为祖国的烹饪事业继续贡献智慧。北京全聚德烤鸭店的名厨蔡其厚，技艺超群，经验丰富，多次被邀至苏、日、美等地讲学传艺；民族饭店之鲁菜特级技师孙中英，集50余年的实践经验于一身，指导主持了《山东菜谱》的编写，对鲁菜的传播与发展发挥了很大的作用。

改革开放以后，中年一代的福山籍厨师很快成长，跻身烹饪界的名厨行列。据20世纪80年代中期不完全统计，仅北京、上海、大连和本省的特级厨师就有几十人，国家一级以上的厨师一二百人。如北京的王义均、于吉和、臧维多、张洪范、刘忠杰、王崇义等，上海的王宜新、王培儒、孟家宾等，大连的牟传仁、于云德、于国桢、张传本等，济南的潘喜瑞和青岛的于永春、王子光、王仁周等，烟台的刘维轩、赵吉文、初立健等都是当地的名师。古现王氏家族的后人，烟台商业学校的高级讲师王少杰，也是烟台烹饪界的后起之秀。他们中的佼佼者也是不乏其人，如现任国家餐饮业评审委员会首席评委、北京丰泽园饭店技术总监、全国烹饪大师、古现人王义均，早在1983年在北京举办的全国烹饪名师技术表演鉴定活动中就荣获“全国十佳厨师”的称号，并获得冷拼、热菜双项金奖。他无数次为我国国家领导人和外国贵宾（总统和首相级）烹饪菜肴，多次赴法国、日本、意大利、美国、新加坡等国讲学和献艺，好评如潮，其鲁菜葱烧海参和烩乌鱼蛋等，成为脍炙人口的名菜佳肴。周恩来总理曾亲自馈赠他一套珍贵的烹调工具，并叮嘱他要把鲁菜的烹调技艺传授给下一代。烟台饮食服务学校原副校长、国家级评委、“山东十大名厨”、全国鲁菜大师初立健，也同王义均一样，他的花色冷盘孔雀开屏在上述表演鉴定活动中也获得制作工艺优秀奖。在全国的七位获奖者中就有两位是福山籍厨师。

“青出于蓝而胜于蓝”，进入80年代后，富有蓬勃活力的福山新一代青年烹饪新秀更加光耀烹坛。如烟台警备区军中厨师吕贻国1988年在“全国第二届烹饪技术大奖赛”

中获一枚银牌两枚铜牌；烟台国贸大厦副总经理于振龙 1996 年被香港特邀参加“香港京华鲁菜美食月”活动获得极大成功，被《大公报》等媒体称之“中国大厨师掀起港人食鲁菜热潮”，他的炒浮油鸡片获山东首届鲁菜大赛金奖。再如青年厨师高速建在 1996 年上海举行的“第二届世界中国烹饪大赛”上获金奖，并在《中国烹饪》等专业杂志发表论文 30 余篇，烟台财会培训中心的巴敬波和东海宾馆的王用新，在 1999 年“全国第四届烹饪技术大赛”上分别获得热菜和冷菜金奖。

2001 年 12 月，在济南举办的“首届中国鲁菜饮食文化节”上，有 6 位福山籍的厨师被评为“全国鲁菜大师”，分别是初立健、于振龙、张吉顺、吕道宸、吕贻国、高速建；有 3 位被评为“中国鲁菜名师”，他们是巴敬波、王良、王用新。

出自“鲁菜之乡”福山的大师、名师以及老厨新秀们，在烹饪工作中挥洒辛勤汗水创出佳绩，为家乡争得了荣誉；在烹调技艺上勇于开拓，大胆创新，为鲁菜的振兴与发展开辟出一片片崭新的天地，攀登上一座座雄伟的高峰！

◉ 福山菜与古现东村

古现东村自金天会九年（1131）福山设县，即为福山县所辖，迄今近 900 年。又兼古现东村曾为牟平县治长达 680 多年，向为当地经济商贸重镇，其生活习俗、饮食风尚无不代表着福山之特点，福山菜乃古现东村地地道道的家常菜、家乡菜。在福山菜发展和传承过程中古现东村的贡献举足轻重。

古现帮　古现是一个出厨师的地方，“古现帮”和“高疃帮”“门楼帮”是福山菜厨师中的三大帮，而“古现帮”的渊源则更久远。

明清时期一直到民国初年，古现东村王氏家族科第绵绵，高官辈出，作为官宦世家，他们既是福山菜的消费者，更是福山菜的推介传播者，福山菜中的一些名馔佳肴正是通过他们传播到京城和为官之地。例如北京著名饭馆八大居之一的同和居，其名菜三不粘就与康熙年间（1662—1722）古现东村王氏九世、户部尚书王骘大有渊源。被誉为“甲骨文之父”的王懿荣与福山烹饪也有着不解之缘。王懿荣不仅是铁骨之宗，民族英雄，还是一位会吃善烹的美食大家，他发明的全家福、煎雏肉后来还成了福山菜的头道菜、招牌菜。鼎盛于二十世纪二三十年代的福山著名饭馆吉升馆，有口皆碑，古现东村王氏族人，民国时期北京市市长王韬、国民党陆军二十四师师长王啸宇当年都是吉升馆

王义均到古现现场指导烹饪

的常客，为提升吉升馆的声誉起了很大作用。

新中国成立后，烹饪业快速发展，古现王氏后裔，“古现帮”领头人王义均在老一代厨师的带动指导下，跻身祖国烹饪界名厨高手行列。先后出任北京丰泽园饭店技术总监、丰泽园饭店高级技术顾问，被贸易部授予“中国烹饪大师”称号。受其影响，“古现帮”不断发展壮大，涌现出一批烹饪世家和名师高手。

夏云良　古现东村人，中国烹饪大师、鲁菜特级大师、国家高级技师、国家职业营养师、国家餐饮业一级评委、国家职业技能鉴定考评委、山东省名厨委专家委员，烟台市烹饪协会副秘书长，烟台新雅海楼总经理。

王军文　王氏后裔，古现河北村人。烟台声远源店厨师长、行政总厨。国家特二级厨师，多次获得国家级奖项，并获“中华美食大奖”。

王光忠　王氏后裔，古现西村人。1940 年在香港自营鹿鸣春和丰泽园两处饭店，后移居台湾，仍从事烹饪业。

王乐嘉　王氏后裔，古现河北村人，20 世纪 50 年代初去日本从事烹饪业，经营一品香饭店，其二子三子皆从事烹饪业。

王少杰　古现东村人，鲁菜特级大师，烟台商校高级讲师。

蔡乐成　古现胜利村人。20 世纪 80 年代即任福山福海宾馆主厨、厨师长，2002 年参加烟台市“五一”节“五彩缤纷鲁菜大赛”，获“优秀厨师奖”，烟台市劳动局、烟台市烹饪协会为其颁发“特级技师”证书。2015 年蔡乐成在古现东村开办怡心饭店并任经理，因其烹饪技艺高超，特别是葱烧海参、油爆海螺、辣子鸡等拿手菜名声远扬，饭店自开办以来门庭如市，效益甚佳。经营之余，蔡乐成还为师带徒，为古现培养一批烹饪高手。

轶事传说 祖祖辈辈的古现人创制出老少皆宜的名菜佳肴，也流传着很多脍炙人口的烹饪趣闻和传说。

海肠子的传说

从前，在京城最大的饭庄里有一位掌勺的福山人，他做的菜与众不同，味道特别鲜美。他的同伙就纳闷，刀工一样，材料一样，为什么他炒出的菜味就高人一筹呢？后来，他们发现，他炒菜后，总是背着人，往菜里撒点什么。因为动作快，是什么谁也看不清楚，问他，他只是笑笑，不作声。因为他做菜好吃，许多贵宾点名道姓要他做，掌柜的就给他加钱，他好不得意，一时间成了京城大名厨。

同行们都在背后嫉妒他。一天，同行们设计一个计策，请他吃饭。在丰盛的酒席中，众厨师排着队地奉承他，给他“戴高帽”，然后左一杯、右一杯轮流敬酒，不一会儿就把他灌醉了，不省人事。这时，众厨师就在他身上乱翻，最后翻出一个盛烟末的口袋，口袋里装着一包淡红色的粉末。他们不知道是什么东西，一个个用手撮一点，放到嘴里一尝，顿觉从头鲜到脚。他们等到福山厨师醒后，一个个先请罪，后虚心请教。福山厨师道：这是家乡古现沿海一带出产的一种海产，名叫海肠子，有提鲜味之功效。为此，将海肠子烘干研成末，作为调味品用。但福山菜为什么总招人喜欢，关键不在于此，而是火候。无论海鲜、山珍，不同菜品需要不同火候，没有火候就没有福山菜。众厨师听罢，一个个点头称是。此后，众厨师纷纷拜福山厨师为师，虚心学习，把握火候，个个厨师菜品质量大有提高。这个大饭庄当时号称“天下第一楼”。

王鹭用“三不粘”明志

清康熙年间（1662—1722），王鹭由闽浙总督升任户部尚书，到京履职，户部张侍郎为巴结上司携银拜访。王鹭早就听说这位张侍郎善于阿谀逢迎，见钱眼开，就有意教训他一下。时至中午，王鹭命仆人端出一盘圆饼招待，侍郎请教食名，王鹭说：“这是家乡名吃‘三不粘’，即不粘筷、不粘牙、不粘锅，就像老夫为官一样，一不贪财，二不好色，三不贪酒，明日我在堂部设宴，每人一盘‘三不粘’，告诉各位主事，在户部做事，就要像老夫家乡‘三不粘’一般无二，大人意下如何？”张侍郎本欲拜府贿赂，闻言汗颜，羞愧而去。

王懿荣与“福山老豆腐”

老豆腐是我国北方有名的小吃，在胶东各地更是常见，但有趣的是，胶东各地皆称之为“豆腐脑”或“脑饭”，唯独福山称之“老豆腐”。据考证“老豆腐”叫法源自北京，那为什么福山也叫“老豆腐”呢？原来与王懿荣有关。

清光绪二十年（1894），中日甲午战争爆发，第二年王懿荣投笔从戎，回乡办团练，誓与日本侵略军决一死战。但腐败无能的清政府却与日本签订了丧权辱国的《马关条约》，遣散了团练。为了向国家上缴饷银和调集抗日将士，王懿荣变卖了房产田地，准备回京复命。

王懿荣每天早早便到福山东门外清洋河边散步。在东门外有一家豆腐店，店主人姓肖，老两口和一个独苗儿子以卖豆腐、豆腐脑为生。这豆腐肖原来也是读书人，祖上还做过一任知县，后因家道中落，无奈卖了几亩薄田，来到城里开起豆腐店。肖老汉久慕这位大学者的名字，但他深知，自己一个卖豆腐的怎能巴结上人家钦差王祭酒呢？只得眼气得一面推着磨，一面瞅着王懿荣每天从他家门口路过。他的儿子原来也是个秀才，只因父母年事已高，便辍学帮助父母做豆腐维持生计。他儿子看出了爹的心思。他知道王懿荣酷爱古董，便将祖上留下的一个青花大瓷缸放在门口，用他盛豆渣卖。

一日，王懿荣又照例踱步从豆腐店经过，忽然他眼睛一亮，疾步来到那口大青龙缸前，转着圈瞅着看，然后问道：“老人家，这缸是你家的？”老人忙抢上前答道：“是。”王懿荣用手敲打一下又道：“盛豆腐渣未免太可惜了。”

这时，肖老汉的儿子抢前答道：“王大人，不可惜。俗话说‘橘生江南为橘，生在江北为枳’，这缸虽然是宋代钧瓷，在您大人手上为宝，但在俺百姓家与泥缸没有什么两样。大人既然喜欢，就拿去吧。”

王懿荣听后，觉得这个年轻人谈吐不凡，心想卖豆腐的也有奇才，细一盘问，才知晓原来也是书香门第之后。经过再三推让，王懿荣要拿银子买下这口缸，但肖老汉坚决要送，最后经好事者从中撮合，王懿荣便大笔一挥，为豆腐店题匾曰：“福山老豆腐店。”肖家豆腐脑是用卤水制成，吃到嘴里嫩中含老，老中有嫩，其豆腐脑做得恰到好处，与众不同。王懿荣也曾吃过几次。自打王懿荣题过匾后，肖家豆腐店便在福山城内外名声大噪，每日来看匾的、欣赏王懿荣书法顺便来吃豆腐的，络绎不绝。肖老汉豆腐店生意越来越红火。后来肖老汉豆腐店生意做大了，置了房子买了地。他的儿子也成了王懿荣的门生，跟着王懿荣进京，入了国子监成了一名太学生，后来又做了一个小官，重振肖家基业。

一副“福山老豆腐”牌匾，既包含了金石学者珍惜文物的痴情，更体现了爱国之士对百姓的恤悯，也见证了故乡赤子对福山美食的倾心关爱。

王懿荣与“煎雏肉”

煎雏肉是胶东传统名菜之一，此菜是将原料先挂糊滑炸，再调以浓芡溜制，是一款风味独特的肉类菜肴。20 世纪 50 年代，烟台名店蓬莱春的名厨苏挺欣制作此菜颇负盛誉，为该店名菜之一，深受食客崇尚。我国著名京剧大家尚小云、颜小朋、荀慧生、杨宝森都曾在该店品尝过此菜，尤得荀先生之欢心。此菜制作方法实为炸熘之技，而非锅煎之法，何故谓之曰“煎雏肉”呢？说来还与王懿荣有关，据传王懿荣在中进士之前，虽然家境贫寒，但十分孝敬父母，是十里八村有名的孝子。有一年寒冬腊月，王懿荣的母亲染上了风寒重症，连续几天卧床不起，粒米不进，王懿荣心急如焚，如何才能医好母亲的病呢？正在他愁眉不展时，忽然传来了母亲的呻吟声：“儿啊，娘想吃肉，你能不能想个法子给娘去弄点？”王懿荣听后心如刀绞，母亲已经几天粒米未进，现在有胃口想吃点猪肉，本是情理之中的事情，可是这黑灯瞎火的，到哪去割肉呢？王懿荣只好先答应了母亲，再寻别的法子，王懿荣安慰了母亲几句话后走出家门，在街上漫无目的地瞎走，边走边自言自语：“买肉”“买肉”，冷不丁闯到一个人身上，王懿荣抬头仔细一看，原来是本家二叔，怀里抱着两个小猪崽，王二叔见是王懿荣气呼呼地说：“唉，真没办法，猪崽下多了，老母猪没奶喂，只好把这两只送人了。”王懿荣听了感觉可真是喜从天降，一把从二叔手中夺下一只猪崽，急切地恳求二叔将猪崽送给他，他二叔正愁没人送呢，做个顺水人情，将两只猪崽全送给了王懿荣。王懿荣抱着小猪崽跑回家中，立刻将小猪崽收拾妥当，把小猪崽的肉切成薄片，想给娘做一盘炒肉片，可猪崽的肉太嫩了，王懿荣急得没办法，只好小心翼翼地将肉片沾点面粉，放到锅中煎一下，肉煎熟后再炒，为了除去猪崽肉的腥膻气味，还故意放了些花椒，终于做出了一盘菜，恭恭敬敬地端到炕上，让母亲食用，王母刚吃一口顿觉美味无比，一盘菜几口就下了肚，吃完后还咂巴着嘴说：“好吃，好吃”。王母连吃几顿“炒肉片”，才想起问王懿荣做的是什么菜，王懿荣信口胡诌道：“煎雏肉”。王母吃完两只猪崽的肉，身体也有了些力气，又吃了几服中草药，王母的病就痊愈了，她病好后，逢人就夸儿子做的“煎雏肉”好吃，乡邻四舍都知道王懿荣会做“煎雏肉”。

王懿荣中了进士，在京城做了高官，将母亲及家人接到京城居住。王母因在京城生活不习惯，常常思念家乡，就对家厨李师父说“懿荣做的‘煎雏肉’好吃。”李师父不知“煎雏肉”该怎么做，便请教王懿荣，王懿荣想起往事，感慨万千，唏嘘不已，将往事说与李师父听，李师父听后感慨万千，第二天就按王懿荣说的法子试制，但哪里去弄小猪崽呢？李师父就改用猪的通脊肉，他将通脊肉片成 0.3 厘米厚的大片，剞上多十字花刀，切成像眼片，用蛋清食盐淀粉上浆放入七成热油中滑炸，再用九成热油，冲炸至熟捞出。另起油锅，用葱姜丝爆锅加冬笋丝、豌豆、清汤、白糖、食盐、酱油、料酒烧开，勾成浓溜芡，把炸好的肉片倒入锅中，淋上花椒油装盘，王母食后，赞赏道：“终于吃到家乡的味了。”王懿荣食后觉得确有“煎雏肉”的味，每次家宴王懿荣都命李师父做煎雏肉，很快煎雏肉就在官府中传开了，从此煎雏肉就以李师父的做法流传于世，历代厨师相延成习，所以煎雏肉就成了今天的样子了。

王懿荣与“全家福”

全家福是鲁菜中胶东风味的传统大菜，是家常便宴中的“头菜”。据传此菜是清王懿荣首创的，在烟台广为流行，全家福寓含全家幸福之意。它采用烩法制作，原料可根据季节变化灵活运用。以素料为主的称为“素烩全家福”；以荤料为主的称为“荤烩全家福”；以山珍为主的称为“山珍全家福”；以海味为主的称为“海味全家福”；也有集山珍海味于一体的“全家福”。它清腴醇厚，鲜美不腻，味道珍绝，深受美食家的推

全家福

崇。清朝光绪十二年（1886），王懿荣的父亲王祖源病逝于北京东安门锡拉胡同 11 号，王懿荣扶父柩归福山两甲坡（今古现李家村山顶北岭）安葬。其时，王懿荣之母谢老夫人在南京两江总督张之洞处，因思家心切，又在张府目睹了自己的女儿——王懿荣唯一妹妹的早逝，心情十分悲伤，便写信给王懿荣，言自己年事已高，希望能在家乡建一处宅子安度晚年，此举得到了王懿荣的赞同，变卖了古现的部分房产，又得其妹夫张之洞赞助，于是在福山落成了新宅，乔迁之日，王懿荣本不想打扰乡邻百姓，只安排家厨准备几桌酒席，一家人吃顿饭庆祝一下即算作罢，没想到当天闻讯前来祝贺的百姓络绎不绝，张家带来点虾仁，李家带来点贝丁，赵家送来点鱿鱼……都想借机感谢王懿荣造福桑梓的恩德。开席前，王家的厨师可作了难，来了这么多人，这酒席可怎么办？正在他们一筹莫展时，王懿荣笑微微地走进厨房，说："让本官也感谢一下乡邻的抬爱吧。"他卷起衣袖，扎上围裙，指挥家厨蒸了一些黄、白蛋糕，将乡亲们送来的虾仁、贝丁、鱿鱼等烩到一处，又将原来备好的海参、猪肚等原料掺到锅中，亲自端菜来到乡亲们中间说："借乔迁之事，能同乡亲们聚一聚，我非常高兴，送一道菜给大家，就叫它'全家福'吧。"乡亲们食后齐声叫好，一传十，十传百，王懿荣善烹之事不胫而走。从此以后，胶东民间遇有乔迁、婚娶、庆寿、百岁，生日等酒席，必以"全家福"为头菜。

古现访古

古现东村历史悠久，文化积淀深厚，历代先贤和文化名人多有遗存，其中一些古建筑、古陵墓、古遗址已成为地方重点保护单位，文物当中也不乏价值连城的稀世珍宝。名胜中的名峰磁山、秀岭凤凰山和具有传奇色彩的落山坡，不仅风光绮丽，而且沉积着丰富的历史内涵。大自然和古人造就的文物胜迹，使古现东村成为人们心驰神往的地方。

◉ 古牟平县治遗址

《牟平县志》载：“汉初，于今县境设东牟县，为青州东莱郡隶……时同郡另有牟平县。东牟县之名，当因其在牟平县东而来。宋初《太平寰宇记》谓此汉牟平治所，在今蓬莱县‘东南九十里故城’。其地今属福山区境，一般认为即今古现村。此牟平县与当时的东牟县仅系邻县，与今牟平县境并无关系。”

从现存遗址看，古城坐北朝南，南北约 500 米，东西 550 米，主街有南北、东西各两条，形似井字，县衙位其中。据年长者回忆，在遗址内，古县西村西边，曾有一所古城墙基址，墙外有条护城河。在今咸鱼市街西口处有座跨护城河石桥。在西村栾姓村民旧居东侧，有城南门墙垛。东村崔姓村民旧居西侧，有南门，地铺石条。古现村西南有块高地，称祭祀台，相传为古牟平县知县祭天的地方。附近还有一座楼（已塌），相传是知县听取民意之处，称南楼。两地名沿袭至今。

◉ 王氏故居

历史上，古现王氏曾有“十大宅”，分别是：一宅，王道增故居；二宅，王兆琛、王懿荣故居（王懿荣在福山县城里故居也称二宅）；三宅，王荣海故居；四宅，王焕章故居；五宅，王余枚故居；六宅王伯沄故居；七宅，王伯枢故居；八宅，王鋆佐故居；九宅，王检故居、王湘志故居；十宅，王嘉善故居。因战火焚掠，加之村庄改建，现仅存燕山堂及王兆琛、王懿荣故居遗迹。

燕山堂 燕山堂位于古现东村街中段路南，西邻王懿荣故居。

燕山堂是王懿荣八世祖王道赠的堂号，明崇祯十四年（1641），原住河北村的王道增移居于此。时福山发生瘟疫，百姓因无粮饿死不计其数，王道增在古现街设粥棚救济灾民。当时，牟城、次兴等六社百姓欠税粮五百石，军中传檄催缴，知县既恤百姓，又不敢违军令，左右为难。王道增知道后，发动族人如数借足上缴，并不用百姓征还，尽捐之。

知县吴闻诗十分感动，特书写“燕山堂”额相赠，并题诗曰：

国课亏矣，赖尔输定。
民生鲜矣，赖尔安全。
爵尔所羞，名尔所浼。
天道福善，报尔燕山。

燕山堂旧址

据王氏族人祖辈相传：道增一天梦见一只猛虎卧在燕山堂门外。醒来外出一看，是一衣衫不整的年轻人蹲在门楼下。道增问为何蹲在此处，年轻人自说生活遇到挫折，混不下去了。道增见此人仪表不凡，身材魁梧，言道："年富力壮为何不从军卫国？"年轻人说："身无分文谈何容易。"道增拿出银两给了盘费打发其上路。后来此人成了军队的重要首领，一日领兵路过燕山堂门前，马上射一令箭于燕山堂门上角，后队所有路过此村的官兵见到令箭，无一打扰百姓者。

此说虽无文字记载，但在古现一带口口相传，已有几百年。

清顺治十六年（1659），王道增病逝于燕山堂。燕山堂前祠后居，不仅是王氏家族祭祀祖先的地方，也是对王氏后代进行家训家教所在。如本族有违反家规国法者，都要到燕山堂罚跪敬香，接受尊长的教训。

燕山堂西北，有一大古建筑群，名曰"有棣堂"，有棣堂原为湖广总督王检故居，有一藏书楼。一度成为王氏家族子弟读书场所。有棣堂为二层建筑，二层比一层矮，藏有王道增至王检祖传书籍上万函，其中有宋版孤本书珍藏。

民国年间，部分房被拆。1942年，福山县伪县长陈昱在此建福山中学。新中国成立后，被古现粮管所占用。1995年，改为磨坊。

王兆琛故居 位于古现东村大街中段路南，以房主命名，为王懿荣祖父住宅。后由王兆琛筹资，在原旧房基础上，改建扩建成两进三院，计28间。建筑面积310.80平方米，五檩房架，大屋檐，石展墙，磨砖垛，铜钱垫缝，石条托山，木质花格门窗，院内墙置月牙半圆门，整个建筑宏伟气派。清道光二十九年（1849），南两院遭遇火灾，后

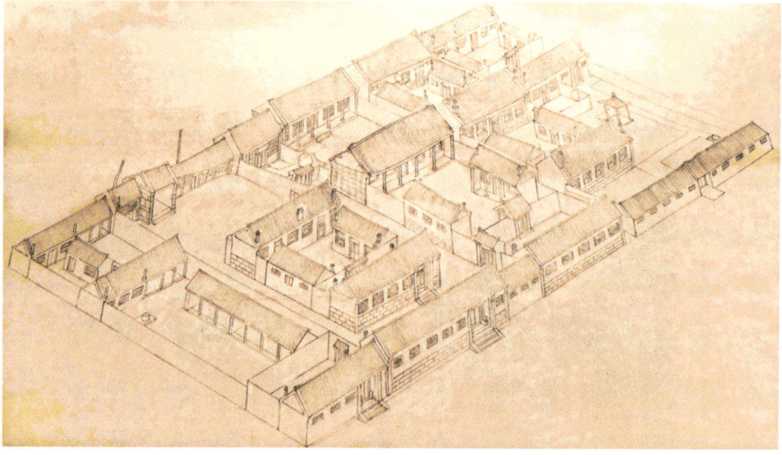

王兆琛故居手绘示意图

王懿荣故居

经改建整修复原。清末民初改为王氏祠堂。新中国成立后归古现粮管所使用，现存后两栋，其南屋存四壁，北屋为村民王学勇居住。现为区级重点文物保护单位。

王懿荣故居 原为三进院，房屋18间，占地1200平方米，建筑面积200余平方米，现存东侧一间、北侧三间、南侧二间，然因缺少维护，也已残破败不堪。临街房墙体的“拴马石”还存在，而用于拴缰绳的“耳朵”在“文化大革命”“破四旧”时砸掉。2009年，王懿荣故居被确定为区级重点文物保护单位。

王懿荣在福山区老县城萝卜市胡同另有一处故居，以房主命名，人称“二宅子”。

◉ 天壤阁藏书楼

天壤阁为王氏家族藏书楼，清代山东四大书楼之一，王懿荣祖父王兆琛所建。原在古现王氏老宅，有楼阁三间，收藏经典书籍2000余种，共计17000余卷，供其氏族子弟私塾参阅。王懿荣父王祖源，清同治四年（1865）由兵部主事注选知府，在京候选仍以“天壤阁”为其书斋名。光绪十二年（1886）王祖源病故于京城锡拉胡同住宅，夫人谢氏归里定居，其子王懿荣、王懿桀为母在福山城里街北辟建新宅，并重置“天壤阁”。新宅青砖瓦顶，四合院格局。“天壤阁”位于西南角，独院，北正房为两层楼房，上下各 3 间；南正房 3 间，为平房。至清末“天壤阁”藏书 2500 余种，其中家刻《天壤阁丛书》26 种，共计 3 万余卷。20 世纪 20 年代军阀混战，30 年代末日军侵占，使大部分书籍毁于战火。民国初年，王氏城里故居由其亲属管理，部分划归公用。1946 年土改时，部分房屋分给群众，“天壤阁”改作县粮库。新中国成立后，逐步改建。1983 年全部拆除，改建为福山华侨宾馆和建设银行。

◉ 千佛寺

千佛寺俗称古现寺，位于古现村东北，唐先天元年（712），僧人善庆建，明万历三十八年（1610），邑人王明捐资重修。

千佛寺现已无迹。据当地村民回忆：千佛寺在磁山山脉凤凰山脚下，坐北朝南，二进院。以山门、大殿、后殿为中轴线，对称布局。山门三间，中为过道，东西两间各置神像泥塑。前廊飞檐，有花岗岩檐柱一对，上镌楹联。侧门之东西分别为钟楼、鼓楼，楼为方形，二层楼阁，十字顶跷脚飞檐。千佛置中院，殿塑千座佛像，中间供有释迦牟尼巨佛像。后殿为藏经楼，正殿后门及隔院为寺院僧人居住。千佛阁多次被毁重建扩建，规模最大时为清乾隆年间（1736—1795），后毁于战火，不曾修复。

千佛寺复原模型图

落山坡王氏祖茔

◉ 落山坡王氏祖茔

落山坡位于烟台市经济技术开发区古现街道东吴家村西。据传该山原为罗姓所有，故名罗山坡，因靠近凤凰山而取其凤落之意，人们习惯称落山坡。后转给本村王姓，辟为王姓墓地。王氏家族八世祖王道增即葬于此山东麓。1958 年古墓被毁。落山坡山脉南北走向，主峰由西向东，海拔 22 米，两侧有同向山脉相扶，前有桌墩，东北有圣水泉。昔日，山上苍松古柏茂密参天，风景独秀，更有“王小放牛”的故事为山增添传奇色彩，远近闻名。

落山坡已被古现街道辟为公墓。

◉ 王氏陵墓

古现东村王氏家族仕宦者，死后除葬于祖茔外，还散布于福山、烟台（芝罘）、蓬莱、栖霞等地，陵墓皆已毁掉。

王道增墓 位于古现东村南落山坡。清顺治十六年（1659）王道增逝后，朝廷赠封其礼部儒官，葬豹卧夼（落山坡）。墓前设雕龙碑和石桌、香炉。1958 年，在落山坡建炼铁厂，墓毁。

王鹭墓 位于烟台市芝罘区小黄山之麓，原工人文化宫广场内。王鹭，享“奉旨谕祭葬”，墓地约 6000 平方米，墓前造立石坊、华表、石马、石羊、翁仲、石碑等。1958 年，扩建文化宫，墓被拆毁。墓中只存骨殖，无一金银玉器随葬。牌坊正面刻有“计相佳成”四字，背面刻着“崇彼九京”（京与京同，读原，与原同义），有“五世其昌，八世其后”之意。

王检墓 位于烟台市福山区高疃镇西厅村西南小米顶南麓。坐北面南，前有石人、石马、石羊、石碑、石碑坊，雕工精细，宏伟气派。1958 年墓被毁。1967 年茔地被平。现存御制龙头碑一方，藏于福山区文物管理所。

王祖源墓 位于烟台经济技术开发区古现街道李家村东北，村民称“两甲坡”，又称“西茔房”。墓坐西面东，砖砌。王懿荣亲笔题写传略。墓前石为北京琉璃厂制作，并系以辞云：“松山一角，海色茫茫，梦魂千里，风雨泷冈。”1958 年墓被毁。王懿荣纪念馆收藏 20 余块墓砖。

王懿荣墓 位于烟台经济技术开发区古现街道李家村东北，村民称“两甲坡”“西茔房”。先客葬于京城王府花园空地，不久，复移京师郊外宝应寺之义园，后由其次子王崇烈扶父母及嫂之灵柩经海路回归故里，奉葬于此。1947 年墓被盗。1958 年被毁。

王崇烈墓 位于烟台经济技术开发区古现街道李家村东北“两甲坡”。1958 年被平毁。1975 年 4 月李家村村民整地时，发现地下墓穴，挖出棺柩，开棺后见“皇清诰封资政大夫直隶候补道汉辅王公之柩”19 个金字，出土随葬物有翡翠鼻烟壶、秦代车軎，甲骨文片、玉雕等，现存于烟台市博物馆。

◉ 凤凰山

凤凰山位于古现东村南。山有三顶，中顶高，似凤凰之身和头，东西顶矮，似凤凰两翅膀，自北望去恰似凤凰展翅，故又称凤凰顶。清乾隆《福山县志》载：“凤凰山，在古县（现）南，峰高脉远，岿然独尊，群山环绕，望之如儿派孙支。”唐宋元时代，山前建有戏台，主峰顶建魁星阁，山后有观音庙，建筑雄伟，气势恢宏。相传，每年农历四月十八日是泰山主神——泰山老奶奶的生日，为纪念这位神仙，古现设立凤凰山庙会。每当这天，周围数十里村民进香朝拜，络绎不绝，更有“庙会戏”为之助兴。西峰顶有石潭，常年有水。北麓有清乾隆年进士、安徽布政司布政使王显绪墓。20 世纪 40 年代，日本侵略军侵占古现，在山顶修建炮楼，魁星阁等古建筑毁于战乱。

新中国成立后，对凤凰山进行绿化，山上山下树木茂盛，绿茵遍地，百花盛开，山色秀丽，为“凤凰”披上了彩衣。2009 年，开发区工委管委在凤凰山山脚下投资修建养老院，凤凰山成为休闲旅游的好去处。

◉ 磁山

磁山，位于古现东村西约 3 千米处，东南—西北走向，南北长约 5000 米，东西宽约 3000 米，面积 27.6 平方千米，海拔 528.9 米，因产磁石故名。春秋战国时，牟子国迁之古现，牟子国裔孙曾改名为牟山。

磁山坐落于黄海之滨，毗邻开发区、福山、栖霞、蓬莱四区市。其三峰耸峙，形如笔架，中峰雄浑壮观，状若仙桃。雾霭云翳之时，三峰匿影云海之中，更北接黄海，海天一色，峰露峥嵘，犹如“海市蜃楼”蓬莱仙景，美不胜收。

磁山五景，一曰“天门览胜”，位于南峰近巅之山脊处。登此处，可南观艾山，北眺碧海，东望芝罘岛，西眸蓬莱阁。烟台大地胜景，几近尽收眼底。

二曰“磁山瀑布”，位于南峰磁山庵旁陡峭崖壁，约数丈之高，宽五丈有余。每逢雨季，峰巅之水飞流直下，煞是壮观。

三曰“山腰古刹磁山庵”，坐落于南峰东侧半山处，明末古现村王道增所建。道增“晚年精通《内典》，深入佛海，啸傲山水间，日与方外游，足不履城市。所造磁山洞、佛刹、樱桃涧、阴主祠，幽胜绝处，常栖息其中”。清乾隆年间文人于橿在《磁山庵碑记》叹曰：“历山门，憩庵下，恍凝此身在云霄间，以为此山之奇尽矣！”磁山庵毁于 20 世纪 40 年代战乱。

四曰“神秘莫测磁山洞”，位于磁山庵西侧崖壁之下。洞口呈半圆形向东而开，高处丈余。洞内约有两间平房大，高丈许，可容百余人同时入内而不显拥挤。洞内地面平整，有石墩、石座，可供人憩息。洞壁石缝间终年滴水叮咚，如琴弦奏鸣，似银珠落盘。洞口外上部及两侧为一笔直似削的崖壁，高有五丈，宽约六丈，松柏、古藤生于缝隙之间，虬枝盘曲嶙峋，藤条纵横相藉，犹如一幅绝妙的山水画。由磁山洞东移十多米处，又有一小洞，洞口可容一人通过，被称为“通海洞”。据传，从此洞进去，可直通山北的大海。

五曰“动人仙话石老公”，位于磁山中峰半腰，上有一尊瘦削屹立高有数丈的巨石，形似一老公傍峰而立，凝望着东北八角海湾里那块似人佝偻的礁石。传说磁山中峰山腰住着一对无儿无女的老夫妻，相依为命过着艰苦的生活。一年，老公身染重病，命悬一线。磁山庵的和尚告诉老妻，必须要吃北海的鱼才能救老公一命。于是老妻不畏艰难危险，爬过通海洞来到北海，捉到了救命的海鱼正要离开，被巡海夜叉发现，施法使老妻变成了一块礁石。疾病沉重的老公久候老妻不归，便爬到了山腰依山而立，望着大海祈盼老妻归来，年复一年，他变成了一个石头人。

王氏世家

王氏家族始祖王忠于明初洪武年间（1368—1398）到山东省登州府福山县任官，后定居古现，至今历600余年。靠着勤奋、聪敏、坚韧和善良的美德，诗书继世，家和族兴。明清两代考中进士27人，举人58人，生员515人。其中有督抚3人，翰林6人，出任尚书、侍郎、总督、巡抚、布政使、按察使、祭酒、知府、知州、知县者140余人，另有104人虽无功名却历官显赫，政绩不菲。这在胶东史无前例，国内也十分罕见，可谓“名门家族，科第绵绵，天眷其后，世泽蝉联”，堪称科举世家、官宦世家和文化世家。王氏家族的优秀家族文化，不仅引领和支撑着家族的崛起与发展，也对当地社会产生广泛和深远的影响。

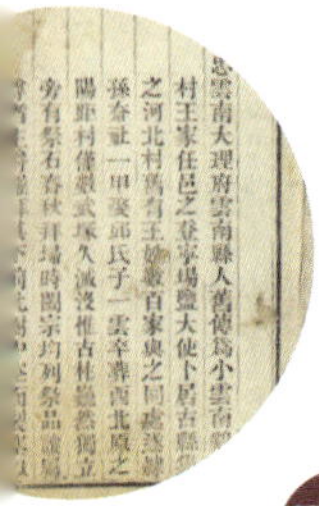

历六百余年，凡二十余世，犹如参天大树，根深叶茂，繁衍生息，所荫成林。

◉ 家世

古现河北村王氏宗祠大门上的楹联：“乌衣巷口旧家风，槐树厅下新气象”。“乌衣巷”，在今南京市东南秦淮河南岸，晋南渡后，王导、谢安两大世族居于此，其子弟皆乌衣，故称。此联是指在乌衣巷居住的东晋宰相王导家族。王导，即古现王氏家族的晋朝始祖。据今云南省大理白族自治州巍山县永建镇西山村（辖原鸡头村）王氏居民口碑资料：古现王氏始祖王忠的先人王能忠、王强忠、王震忠元末因军队调防自南京至云南大理。

始祖王忠画像

《王氏家谱》载：古现王氏始

王氏家谱

祖“王忠，云南大理府云南县（祥云）云南镇鸡头村。（洪武年间）任邑之登宁盐课大使。居古现集之河北村。旧有王姓数百家，与人同处……”王忠是明洪武年间（1368—1398）王氏家族定居福山的始祖，现福山王氏的族系排世自王忠始为一世。

王忠致仕辞官后，悦其风土，居住古现河北村，逝后，朝廷敕授他为七品承事郎。王忠只有一子王云。云生四子，其长子王俊，景泰三年（1542）岁贡生，而后换次升贡，官任山西文水县知县。

王忠之第八世孙王允谐，崇祯四年（1631）应辛未科乡试，中第四十名举人。次年会试落第。16年后，已年届天命之年的王允谐应新朝清顺治四年（1647）丁亥科会试，中三甲第一百五十四名进士，授大理寺观政，届满后，外放陕西省巩昌府（今甘肃省成县）知县。王允谐为王氏落户福山后第一个进士。

崇祯十四年（1641），福山一带大灾，继发瘟疫，百姓多数病饿而死。县西北数十里许多村庄变为废墟，八世孙王道增举家迁至古现村，自此家丁繁衍，渐成望族，族系二十余世。

八世祖王道增画像

◉ 科举

王氏儒业传家，诗书继世。《王氏旧谱》载，二世王云以岁贡出仕知县。三世王俊，官至山西文水县知县。四世王纶，官至知县。五世王锦，敕授礼部儒官。七世王久任，任山西文水县主簿，后迁官王府纪善候缺。

八世王允谐，明崇祯四年（1631）中举人。顺治四年（1647），王允谐又参加会试，考取进士，授大理寺观政，旋迁甘肃成县知县。

九世王三锡、王慎言兄弟于崇祯六年（1633）一起参加顺天府武科乡试，王三锡中第一名武解元，王慎言中武举人。次年，兄弟二人共赴会试，王三锡中一甲武进士，授官直隶昌平道中军守备，王慎言中三甲武进士，授京师锦衣卫百户官。

九世王骘（1614—1695），字相居，一字辰岳，号几庵，万历四十二年（1614）生于福山县古现东村。王骘 16 岁迎童子试，在登州府考、县考、院考皆中第一名。顺治十一年（1654），应顺天府乡试，考取举人。次年，连捷会试、殿试二甲进士，授都察院观政，旋改户部主事官，后迁户部员外郎，改授四川松威道，任满后迁直隶北道。康熙二十六年（1687）擢江西巡抚，次年晋升闽浙总督。康熙三十二年（1693），王骘升户部尚书。

十世王溍（1667—1742），字征远，号溟波，以国子监监生按例注籍。康熙五十二年（1713），授云南云龙州知州，又擢升广西太平知府。雍正六年（1728），迁四川成都知府，任满后迁京师，署顺天府知府，选擢光禄寺卿、太常寺卿。乾隆二年（1737），擢大理寺卿。

十一世王从绳（1682—1757），字司直。年十七补博士弟子生员，以府学附生兼应武乡试。康熙五十三年（1714）中武举，授直隶宣化镇右营游击。雍正六年（1728），迁张家口右营游击。因戍边有功，后擢山西老营左营参将。乾隆三年（1738），迁安徽六安参将，其间被诬陷去职，后又复职陕西老营。

十一世王检（1707—1767），字思及，号若斋，又号西园。雍正七年（1729）应顺天乡试，中第三名举人。雍正十一年（1733），殿试以二甲第五十五名，赐进士出身，入选翰林院庶吉士。散馆大考列一等，授翰林院编修。乾隆十三年（1748），任国史馆纂修官。次年授直隶河间知府。乾隆十六年（1751），擢为甘肃凉庄道。乾隆十八年（1753），擢通水河道总督。乾隆二十四年（1759），迁任长芦盐运使，当年擢升为安徽按察使，旋迁直隶按察使。乾隆二十八年（1763），王检又迁山西按察使，两年后擢升为湖广总督，同年迁任广东巡抚。

十二世王显绪（1717—1784），字维章，号闰轩。雍正十三年（1735），顺天乡试中举人，次年乾隆元年（1736）进士，授吏部文选司主事。乾隆十二年（1747），擢升考功司郎中，旋又擢贵州道监察御史。乾隆十九年（1754），遭诬陷降刑部主事，旋又迁宝源局监督，次年又外放云南省广南知府。乾隆三十二年（1767），任甘肃平凉知州，旋擢山西、安徽按察使，又擢安徽布政使。

十二世王启绪（1729—1781），字德圃，号绍衣。乾隆十二年（1747）中举。乾隆十六年（1751）中进士，朝考一等，入选翰林院庶吉士，三年散馆，考取第一等第一名，授翰林院编修、武英殿供奉。乾隆二十一年（1756），担任乡试主考，又擢云南道监察御史。乾隆二十五年（1760），署兵部给事中，次年改授户部郎中。乾隆三十年（1765）外放河南开封知府。后又擢开（封）、陈（州）、许（昌）道台。

十二世王燕绪（1730—1800），字翼子，号治堂。乾隆十二年（1747）中举人。乾隆十九年（1754）会试中正榜，授内阁中书，军机处章京。乾隆二十五年（1760），再次参加会试、殿试考取第二甲第二名进士。朝考一等，入选翰林院庶吉士，三年散馆一等，授翰林院编修。旋又迁日讲起居注官。乾隆三十年（1765），擢太子府右春坊右赞善官。后又擢翰林院侍读、侍讲。嘉庆元年（1796），诰授中宪大夫后，又以子贵，晋封通议大夫，正三品封典。

十三世王森长（1771—1846），原名绥长，字怡庭，号松涛。嘉庆六年（1801）乡试举人。嘉庆二十四年（1819）考取进士，官至同州知府。

十四世王兆琛（1786—1852），原名兆玺，字叔玉，号西舶，王懿荣祖父。嘉庆十二年（1807），20 岁的王兆琛考取经魁。嘉庆二十二年（1817），大挑一等，授直隶北河知县。是年会试，王兆琛中贡士，殿试二甲九十名，赐进士出身，入选翰林院庶吉士。散馆大考一等，授翰林院编修、国史馆纂修总纂官。道光七年（1827），擢江南道监察御史。因政绩显著，先后外放四川成都知府、重庆知府、江西督粮道台、甘肃按察使。道光二十三年（1843），擢四川布政使。次年，擢山西巡抚。

十五世王祖源（1822—1896），原名伯濂，字廉塘，一字莲堂，王兆琛五子，王懿荣之父。道光二十九年（1849），27 岁的王祖源考取拔贡，朝考一等，候选教谕。咸丰六年（1856），授兵部主事，兼武库司司务厅坐办官，署提调官。同年任会试外帘官。咸丰九年（1859），王祖源奉旨返乡筹办登州团练，有功，擢升兵部员外郎。同治四年（1865），外放四川龙安府知府。光绪五年（1879），迁成都知府。光绪八年（1882），擢四川成（都）、绵（阳）、龙（安）、茂（县）兵备道台，第二年署四川按察使。

明清两季古现王氏共有 27 名进士，63 名举人，515 名生员。

古现王氏明清进士一览表

表 16

	姓名	中试时间	生卒时间	官职
王氏家族	王三锡	明崇祯七年（1634）	—	山东提标水师左营游击
	王慎言	明崇祯七年（1634）	—	京锦衣卫百户官
	王允谐	清顺治四年（1647）	—	甘肃省成县知县
	王　骘	清顺治十二年（1655）	1612—1695	官至户部尚书
	王　检	清雍正十一年（1733）	1707—1760	翰林院编修、广东巡抚
	王显绪	清乾隆元年（1736）	1717—1784	监察御史、布政使
	王启绪	清乾隆十一年（1751）	1729—1781	翰林院编修、官至知府
	王希旦	清乾隆十九年（1754）	—	授山东沂州府学教授
	王燕绪	清乾隆二十五年（1760）	1730—1800	翰林院编修
	王积熙	清乾隆三十六年（1771）	1711—1771	七品文林郎封典
	王善垲	清乾隆四十九年（1784）	1733—1809	云南普洱澄江府知府
	王厚庆	清嘉庆六年（1801）	1772—1826	浙江台州府知府
	王延庆	清嘉庆十年（1805）	1781—1852	国子监博士
	王余晋	清嘉庆十三年（1808）	1765—1848	兖州府教授
	王余师	清嘉庆十四年（1809）	1771—1848	莱州府教授
	王余英	清嘉庆十四年（1809）	1767—1819	湖南善化知县
	王德瑛	清嘉庆十九年（1814）	1774—1832	河南安阳县知县
	王兆琛	清嘉庆二十二年（1817）	1786—1852	翰林院编修、山西巡抚
	王森长	清嘉庆二十四年（1819）	1771—1846	陕西蒲城县知县
	王善壁	清嘉庆二十四年（1819）	—	广东和平县知县
	王麟瑞	清道光十三年（1833）	—	沂州府教授
	王武曾	清道光十五年（1835）	1782—1851	浙江慈溪县知县
	王钟淮	清道光二十五年（1845）	—	甘肃直隶州知州
	王大辂	清道光三十年（1850）	—	授知县（未到任而逝）
	王懿荣	清光绪六年（1880）	1845-1900	国子监祭酒
	王秉燮	清光绪六年（1880）	1839—?	安徽铜陵县知县
王氏亲戚	张恩煦	清咸丰十年（1860）	1845—1900	直隶高阳县知县

说明：张恩煦系古现东村人，王懿荣的姑父、老师

古现王氏明清举人一览表

表 17

中举人后又中进士者				
	姓名	中试时间	生卒时间	官职
王氏家族	王三锡	明崇祯六年（1633）	—	山东提标水师左营游击
	王慎言	明崇祯六年（1633）	—	京锦衣卫百户官
	王允谐	明崇祯四年（1631）	—	甘肃省成县知县
	王　鹭	清顺治十一年（1654）	1612—1695	官至户部尚书
	王　检	清雍正七年（1729）	1707—1760	翰林院编修、广东巡抚
	王显绪	清雍正十三年（1735）	1717—1784	监察御史、布政使
	王启绪	乾隆十二年（清 1747）	1729—1781	翰林院编修、官至知府
	王希旦	清乾隆十七年（1752）	—	授山东沂州府学教授
	王燕绪	清乾隆十二年（1747）	1730—1800	翰林院编修
	王积熙	清乾隆十五年（1750）	1711—1771	七品文林郎封典
	王善垲	清乾隆三十九年（1774）	1733—1809	云南普洱澄江府知府
	王厚庆	清嘉庆三年（1798）	1772—1826	浙江台州府知府
	王延庆	清嘉庆九年（1804）	1781—1852	国子监博士
	王余晋	清嘉庆九年（1804）	1765—1848	兖州府教授
	王余师	清嘉庆五年（1800）	1771—1848	莱州府教授
	王余英	清嘉庆五年（1800）	1767—1819	湖南善化知县
	王德瑛	清嘉庆十二年（1807）	1774—1832	河南安阳县知县
	王兆琛	清嘉庆十二年（1807）	1786—1852	翰林院编修、山西巡抚
	王森长	清嘉庆六年（1801）	1771—1846	陕西蒲城县知县
	王善壁	清嘉庆六年（1801）	—	广东和平县知县
	王麟瑞	清嘉庆二十四年（1819）	—	沂州府教授
	王武曾	清道光八年（1828）	1782—1851	浙江慈溪县知县
	王钟潍	清道光十四年（1834）	—	甘肃直隶州知州
	王大辂	清道光二十四年（1844）	—	授知县（未到任而逝）
	王懿荣	清光绪五年（1879）	1845—1900	国子监祭酒
	王乘燮	清光绪二年（1876）	1839—?	安徽铜陵县知县
王氏亲戚	张恩煦	清道光二十九年（1849）	1845—1900	直隶高阳县知县

续表 17

仅中举人者				
	姓名	中试时间	生卒时间	官职
王氏家族	王从绳	清康熙五十三年（1714）	1862—1757	江南大安营参将
	王椷	清乾隆元年（1736）	1718—1786	湖北天安县知县
	王衍绪	清乾隆三年（1738）	1719—1804	大名府知府
	王令绪	清乾隆十五年（1750）	—	贵州黎平府同知
	王文炯	清乾隆十五年（1750）	—	四川中江县知县
	王广绪	清乾隆二十五年（1760）	—	云南按板井盐课大使、候选知县
	王景绪	清乾隆三十年（1765）	1740—1812	云南鹤广州知州
	王善至	清乾隆三十三年（1768）	—	海丰县教谕
	王钟泰	清乾隆三十三年（1768）	—	山西蒲州府永乐镇同知
	王庆长	清乾隆三十六年（1771）	1749—1791	福建省按察使
	王余庄	清乾隆三十九年（1774）	1755—？	拣选知县、倒授七品文林郎
	王善宝	清乾隆四十二年（1777）	—	莱芜县训导
	王余蒨	清乾隆四十四年（1779）	—	拣选知县、例授文林郎
	王善培	清乾隆五十一年（1786）	—	陵县教谕
	王绶长	清乾隆五十一年（1786）	—	兖州府四氏学教授
	王余菖	清乾隆五十四年（1789）	—	湖北钟祥县知县
	王元玑	清嘉庆五年（1800）	—	拣选知县
	王绳矩	清嘉庆三年（1798）	—	莱芜、诸城、章邱、高唐教谕
	王余枚	清嘉庆九年（1804）	—	候补湖北知县
	王余孚	清嘉庆九年（1804）	—	胶州学正
	王玉汝	清嘉庆九年（1804）	—	馆陶县训导
	王兆琦	清嘉庆十二年（1807）	1783—1829	德州学正
	王应衔	清嘉庆十七年（1812）	—	平度州学正
	王阶庆	清嘉庆二十三年（1818）	—	拣选知县
	王绂庆	清道光二年（1822）	—	泰安府教授
	王鹏程	清道光八年（1828）	—	登州知府
	王余萃	清道光十一年（1831）	—	曹州府教授
	王余厚	清道光十七年（1837）	—	未入仕途
	王祐庆	清道光十七年（1837）	—	福建建宁县知县
	王镦庆	清道光二十六年（1846）	—	汶上县训导

续表 17

	姓名	中试时间	生卒时间	官职
王氏家族	王伯寅	清咸丰五年（1855）	—	馆陶县教谕
	王庸	清光绪元年（1875）	—	济南宁州学正
	王文臣	清光绪十四年（1888）	1844—1915	湖南安仁县知县
	王崇燕	清光绪十七年（1891）	1868—1893	英年早逝
	王丙焘	清光绪二十年（1894）	1813—1867	直隶文安县知县
	王崇烈	清光绪二十年（1894）	1870—1917	鸿胪寺序班

说明：古现王氏家族明清两代共有举人 63 名，其中中举后又中进士者 27 名，仅中举者 36 人

◉ 家学

王氏家族祖辈为官，且又诗书继世，著述浩瀚，家学成就令人敬仰。这些家族精英熟读经史，学问渊博，其著作对福山文化教育产生过重大影响，有的在福山文化史上，甚至是在中华文明史上留下灿烂的光辉。

古现王氏的家学成就是多方面的，诗文之外，训诂、经学、医学、佛学、金石、文字、史学等领域都有涉猎。

七世祖王久任研究《易经》颇有造诣，“善程朱传义”。致仕后在古现西村磁山涧阳主庙旁建别墅，四面八方来拜师学习《易经》的学者很多，其设馆传《易经》为业，直至终老。

九世王鹭长于古文，明于公牍，内外奏疏为一时之冠，有著述《养素堂文集》《义圃传家集》《大司农奏议》等。其《请停止解运楠木疏》疏辞恳切感人，满朝文武大臣闻之动容，康熙帝阅罢，也赞叹道：“这本他原说百姓的艰苦，甚足明了，造殿必须用楠木吗？楠木又何必向四川山沟去取，我北疆大松木用不得吗？”遂决定停止四川采运之役。

王检、王启绪、王燕绪父子三人俱为翰林，文采斐然，分别著有《西园奏议》《西园诗集》《棣华书屋集》《有棣堂诗集》《积翠堂集》《积翠堂诗集》。

就家学成就而言，王懿荣自然最为杰出，然其祖、父、子也皆可称道。其祖父王兆琛以经魁晋翰林，学问超群，著作甚丰，有《经义测海》《正俗备用字解》《重韵辨义》

《御史奏议》《巡抚奏议》《柄堂书屋集》传世。

其父王祖源自王兆琛谪戍新疆后，家产被抄，家道中落，但他能“持躬俭节，乐道安贫”，酷爱金石古玩和收藏研究。供职兵部十余年，公务之余，流连于厂肆，见到可心者，量力购置，虽箪瓢屡空，也决不吝惜。他还爱好刻书藏书。这些爱好，对于长子王懿荣收藏研究金石古玩，以及日后发现甲骨文，具有重要影响。

王懿荣的三个儿子同样文采出众。长子王崇燕八股文做的花团锦簇，受军机大臣翁同龢和潘祖荫赏识，惜英年早逝。王崇燕聪颖好学，尤喜《榖梁传》，对榖梁学颇有造诣，著述约五十卷。次子王崇烈、四子王崇焕继承父志，致力于甲骨文收藏研究，均有成就，有多种著述存世。

除此之外，王氏家族之中，王照圆更是一位不让须眉的著名女学者。王照圆一生除帮助丈夫郝懿行整理著述外，自己也著述颇丰。其“长于训诂，亦擅文学”，在汉学、史学、金石、文学、文字学诸领域都取得巨大成就，影响非凡。

王氏家族著述一览表

表 18

系世	姓名	学位	官职	著　　述
九世	王　鹭	进士	户部尚书	《大司农奏议》《养素堂文集》《诗集》
十世	王　溍	监生	太常寺卿	《福山县志》《云龙州志》《王太常集》《王太常诗集》
	王　淛	拔贡	肥城训导	《自强斋集》
十一世	王　柔	监生	兵备道台	《东牟奏疏》《东牟文集》《东牟诗集》
	王　检	翰林进士	湖广总督	《西园奏议》《西园文集》《西园诗集》
	王　棫	举人	知府	《秋灯丛话》
十二世	王显绪	翰林进士	布政使	《王布政文集》
	王启绪	翰林进士	知府	《棣华堂书屋集》《棣华堂诗文集》
	王燕绪	翰林进士	侍读	《积翠堂集》
	王善垲	进士	知府	《滇南文集》《滇南诗集》
十三世	王希旦	进士	府教授	《炳东文集》
	王善宝	举人	知县	《离骚经志》《煨芋岩居诗文集》

续表 18

系世	姓名	学位	官职	著　　述
十四世	王余英	举人	知州	《四书求是》
	王余孚	举人	知府	《遽庐诗草》
	王余芊	拔贡	知州	《四香阁诗集》
	王余萃	举人	知州	《闻木樨香斋诗草》
	王兆琛	翰林进士	巡抚	《正俗备用字解》《重韵辨义》《御史奏议》《巡抚奏议》《眪堂书屋集》
	王兆玑	拔贡	知府	《算学求通》《工倚声有词》
十五世	王延庆	进士	知府	《学半斋文集》
	王祖源	拔贡	按察使	《天壤阁丛书》
	王德瑛	进士	知县	《莲墅文集》《莲墅诗集》
	王钟淮	进士	知府	《周易义疏》《大学中庸本义》
	王松龄	庠生	—	《医学四珍大成》
十六世	王绍武	举人	知县	《台安县志》
	王钟泰	举人	知县	《草堂杂缀文》《壶海生诗草》
	王懿荣	翰林进士	祭酒	《王文敏公遗集》《汉石存目》《南北朝存石目》《天壤阁杂记》《福山金石稿》《登州金石录》《王廉生藏印》《王廉生藏瓦》《王廉生钱谱》
十七世	王崇燕	举人	—	《穀梁集解纤谬》《穀梁发微》《穀梁旁通考》《穀梁注疏笺证汇义》
	王崇烈	举人	道台	《公羊解诂义证》《史宬存稿》《智雨斋文集》《佛教浅说》《智雨斋题跋》《佛教简目提要》《璜斋金文》《种瓜亭记》《殷墟文字解》
	王崇焕	—	—	《古董录》《甲骨文存》《王敏公年谱》《福山王氏劫印存》

◉ 家风家教

中华民族自古宗法同体结构明显，优秀的家风家训传统深刻地影响着后代的道德教育，使之深受读书兴家的文化熏陶，一代代坚持不懈地追求科举成功之路，提升家族的势力与声望，延续家族的兴盛发展。福山王氏家族秉承“读书志在圣贤，为官心存君国，安分守命，顺时听天”的古训，树立了耕读为本、勤俭持家、与人为善、报国爱民的美德，形成了忠孝传家、为官清廉、敢于担当、舍身保国的家风。同时，成功的家族教育形成了厚重的家族文化，传承着优秀的家风，使之代代相传，历久弥新。

王道增生于书香门第，自幼聪慧，“少年喜颜氏家训”，谨遵父嘱，对自己的一言一行，尤其是对儿孙的教育，严格履行颜氏家训。他深知“教妇初来”的奥妙，懂得“教儿婴孩”的道理：“少成若天性，习惯如自然。”他常以“少小多才学，平生志气高，别人怀宝剑，我有笔如刀”教育儿孙立志读书，树雄心大志：“朝为四舍郎，暮登天子堂，将相本无种，男儿当自强。”要求儿孙以“头悬梁”“锥刺股”的精神刻苦学习。他还通过给孩子讲故事，加深理解和记忆。在他的教诲下，其长子王鹭考中古现村第一名进士。在其后的120年中，又有王积熙、王善垲、王厚庆等二十多人考中进士。其中受父母教育、祖父母教育、外祖父母教育成材的典型有王积熙、王兆琛、王懿荣等。

在王氏家族中还有母教女、教子的成功典型。王懿娴（王懿荣之胞妹）、王福重（王懿荣孙女）、王学忠等为其中优秀代表。

王氏家风家教体现在族人的行为上，就是对国尽忠，对民尽情，对亲尽孝，对子孙尽心。王氏家族中不乏读书取仕，位居高官的优秀人物，他们“居庙堂之高则忧其民，处江湖之远则忧其君”，忠国爱民，清廉敬业，敢于担当，刚正不阿。

王启绪（1721—1781），王检长子，任河南开封知府时，兼署河道，时祥符（今开封县）黄河泛滥决口，王启绪“身亲畚锸，不避劳险”，日夜守护在大堤上，一连数月，抢险不已。往返于黑冈口、芝麻庄、张家油坊堤段。终因劳累过度猝死于黄河大堤上。朝廷诰封为中宪大夫。

王善凯（1733—1809），官至云南普洱知府，治地为纳西、苗、白、藏、彝等少数民族杂居地，他在任上与各民族人民水乳交融，休戚与共，为促进民族团结、融合，地方经济发展而披肝沥胆，使这里“扶绥安辑”，百姓安居乐业。因积劳成疾，水土不服，猝死于府衙，运灵回乡时，百姓送出百里。

像王启绪、王善凯这样殉职于任上的还有王余英、王典、王希旦等11人。

王鹭在任四川松威道时，关心百姓疾苦，全力改革时弊，百姓安居乐业。清康熙二十六年（1687），京师修太和殿，工部令川省采运楠木、杉木4000根。当时王鹭虽然离任，但觉得事关川民生计，毅然犯颜上疏，疏词恳切，乞全豁免，感动皇帝，诏令停采，百姓欢欣。

王德英（1774—1832）在任河南舞阳知县时，一年两遇水灾。为抢救灾民，他几次步行赴省，说服巡抚开仓救灾，使得灾民得以活命，并将得到上宪调剂万金带回，帮助灾民生产自救。后调任途中病逝，百姓哭送四十余里，村民“迎以肩舆而行，近村哭声不绝于路”。

王氏家族十分重视对子女后代的教育，不仅言教身传，使后人学有典范，更注重办学育人，王善壁之祖父王杖，以岁贡任济阳县训导，为济阳培养不少人才，告老还乡后，以教育20余子侄为己任，使其皆有所成，乡人称之教育有方。

先任封疆大臣，后任户部尚书的王鹭，致仕后，教育子女严己自律，亲书对联“有子能文何必贵，为官致富不如贫”，作为王氏家族的家训，延续200余年，成为烙印在家族子孙脑海里，融化在族血中的族魂。鞭策、勉励着子孙后代奋力拼搏，给王氏家族带来至高无上的地位和荣耀。

这种进步的家教，集中表现在明清两代王氏继承优良的传统家训，以及儒学民本思想精髓，教育子孙读书做人，从而发展成才，造福社会。自王鹭到王懿荣一脉相承，其忠孝家训之遗风持久不衰。在王氏家族的历史上，从素来被传为佳话的“一门三翰林”（王检、长子王启绪、次子王燕绪），到连同亲眷的“一榜三进士、三翰林”（王懿荣、叔伯王乘夔、舅父谢隽杭），直到王懿荣的“一家三忠烈”（王懿荣、谢夫人、长媳张夫人），就是秉承忠孝优良传统家训，而立身、立功、立言、立德的生动写照。

王鹭家教塑像

◉ 族中女杰

王照圆（1763—1851），字瑞玉，字照圆，清末女诗人和训诂学家。

王照圆出身古现王氏书香门第，幼读经、诗，自15岁泛读经史。20岁即作《葩经小记》，清乾隆五十三年（1788）与栖霞郝懿行结婚，志同道合，常以诗词唱和。她虚心好学，锲而不舍，常以“平生要做校书女，不负乌衣巷里人”的诗句自勉。遵母遗命，为《列女传》作补注。完稿后，经夫订正，成书《列女传补注》8卷。乾隆四十八年（1783），她对朱熹的《诗经》注释晦涩处加以重注。

嘉庆八年（1803）又重整旧稿，并同丈夫一起研究考订，以答问的形式写出二人对《诗经》的新解，《诗问》7卷问世。嘉庆四年（1799），郝懿行中进士，授户部江南主事，她随夫进京，同当时文人、学者广泛交往，并受到尊重，曾为尚书阮元题诗“齐名积古从公定，室有藏书是母留”。在京期间，其夫曾因病一度中止《尔雅义疏》的著述。她一面护理丈夫，一面帮助缮清整理，积之成册。郝懿行常说，在自己的著作中宗“照圆说”甚多。

道光五年（1825）郝懿行去世后，王照圆回归故里专门整理丈夫遗著。自著有《列女传补注》《列仙传校正》《梦书》《晒书堂闺中文存》《葩经小记》《诗说》《诗小记》《闺中记》等。咸丰元年（1851）病故。历史上有人将其比作李清照，当时学界有“高邮王父子（王念孙与王引之），栖霞郝夫妇”之说。

谢太夫人（1823—1896），王懿荣母亲。谢牧之女儿。谢太夫人出身福山望族，端庄贤淑，知书达理，深明大义。

清道光三十年（1850），公爹王兆琛获罪遣戍，家产被抄。婆婆于太夫人一病不起，不久辞世。为婆婆料理后事，为王懿荣寻找私塾教师等事，全赖她一人支撑。

谢太夫人是王懿荣最早的人生导师。她为儿子请的第一位启蒙老师，就是自己兄长谢敦之。谢敦之虽未有功名，但却是福山一位饱学之士，对王懿荣成长影响很大。

咸丰六年（1856），丈夫王祖源到北京任兵部主事，谢太夫人留居福山城里，依靠娘家使儿子就读于福山县南台子街王氏私塾，受业于自家兄长谢应起先生。良好的教育为王懿荣日后成长奠定了基础。

甲午战争结束后，王懿荣将母亲从南京妹夫张之洞家中接回福山，安顿后，王懿荣向母亲禀告了办团练的情况。特别提到三个月中凑调人马，委派各营哨，历遍府属十州县的粮饷等项费用，户部所支2000两白银全部花完，而且另借贷500两垫用。他认为钱虽然花光了，但终未能为国家出力，故“吾不敢累国家以度之也”，想把从户部支的钱全缴回去。

谢太夫人对儿子的作为甚为满意，对缴还部款欣然同意。她知道儿子无多少官俸，常典衣物购置文物，要凑2500两银子确非易事，决定将自己的衣裘、钗钏拿出来典当，帮助儿子弥补亏欠。她安慰儿子道：“吾衣饰岂所固有，皆国恩之余。为国家用之，何憾！汝勿以累吾为念。”

黄兰（1841—1877），黄宗敬之女，王懿荣原配妻子。黄兰出生于诗书世家，不善言辞，长于针黹，仪容端庄，性情柔顺。

清同治二年（1863），王懿荣由保定回北京，一边读书，一边奉养父母。黄夫人也携长女，由保定到北京侍奉公婆。当时是王家最困难之时，据王懿荣回忆：

> 寒家自十世祖太常公（王）以下，累世居官于外，素无田产。先祖荣禄公（王兆琛）谢世后，家道中落。所居城西村曰古现，地当孔道，七遭兵燹，至是庐舍衣物焚掠一空。
>
> 先公（王祖源）官兵部十余年，又连遭伯父长安公（王伯润官长安知县）、次伯父文安公（王伯醇，文安县知县）丧。先祖荣禄公柩自伊犁入关，行至陕西，为粤匪、回匪先后相间阻，浮厝于蒲城县傅马村者且二十年。四年（1865）乙丑，先公以知府候选，始得乞假措资迎取，先灵六柩一时回籍安葬。此二十年中，闲曹清苦甚于寒素……

黄夫人到京后，尤能左右奉养，全力支撑。每日晨昏定时向公婆请安，并随奴婢一起操持家务。黄夫人特别珍惜家中一草一木，一丝一粟从不废弃，对待小姑小叔如同兄弟姐妹。

王懿荣酷爱旧椠本书、古彝器、碑版、图画之类的古籍、古董。黄夫人总是支持他去购来，她说：“明珠、白璧，异日有力时，皆可立致之。惟此种物事，往往昙花一现，撒手便去。移时不可复得。后来纵或有奇遇，未免即此类中此种也。”有时家中无钱，黄夫人则将自己的裘葛、钗钏拿出典质，犹如厨笥易物，毫不吝惜。

黄夫人擅长用“毡蜡法”拓片。王懿荣所购得古彝器、泉印、镜鉴、砖瓦等物，每得一种，黄夫人必亲手椎拓，而且每拓一件，务必“使纸白如玉，墨光如漆”，然后在拓片的纸尾，盖上一方朱色小印，并记其物名，文字灿然。黄夫人尤擅刺绣，并善书法，对篆书及八分书字，皆能知其笔趣所在。

光绪三年（1877），黄夫人病情愈见严重。每日咳嗽不止，所吐若沫，即医书所说“白血”。她自知不起，就把孩子们叫到病床前，作临终叮咛：“我死后，尔父一人只身在此。此去川署又六七千里，近年河、陕大饥，路不靖，尔辈可就先往依舅父母常住。时须善为人，女每日自梳理，易每日自诵习。一切饮食言语，向人听从，勿令人厌。以待明春，尔祖父母必遣人取尔辈至川署。庶尔时，吾魂魄可稍释也。”儿女们闻言，潸然泪下。

光绪二十六年（1900）王懿荣殉国后，她与继配夫人谢夫人一起追赠为一品夫人封典。

谢云鹤（1858—1900），谢伟勋之女，谢牧之孙女，王懿荣继配夫人。

清光绪八年（1882）农历冬月，38 岁的王懿荣与 25 岁的表妹谢云鹤结为伉俪。谢夫人出身福山名门望族，生的像她姑姑谢太夫人一样，端庄贤淑，仪态万方，生性爽朗刚直。她嫁过来时，黄夫人长子崇燕 14 岁，次子崇烈 12 岁。她一馈一起，每日侍候王懿荣早起入宫当值，抚养儿女，竭尽全力，把家治理得井井有条，最终把黄夫人所生的崇燕、崇烈二人培养成人，双双考取举人，可谓劳苦功高。

谢云鹤与王懿荣生育二子，长子崇熿刚满月即夭折，次子崇焕过继给从弟王鸿发为嗣子。

光绪二十六年（1900）五月，京城义和团起事，八国联军欲入侵北京，时任京师团练大臣的王懿荣，“独挡其冲，昼夜筹划无暇晷”。适时，时势严峻，王懿荣令家人将府宅内后花园一口井淘深，列一石横其上，王懿荣与谢夫人熟商，敌破城之时，就是他们夫妻归天之日。谢夫人主持家中后事，早把生死置之度外。

农历七月二十一日（8 月 15 日），八国联军攻入北京内城，王懿荣率千余兵勇抵抗后败回家中，对谢夫人说：“吾可以死矣！”题绝命词后掷笔，与谢夫人先吞金钱二，又服仰药，遂跳入井中，谢夫人与崇燕妻张允淑相继跳入井中，一同殉国。

王懿娴（1857—1879），字文娟，王祖源女儿，王懿荣胞妹，张之洞继配夫人。

清光绪元年（1875），19 岁的王懿娴成为 39 岁的张之洞第三任夫人。

早在京师时，张之洞与王懿荣交厚，便接触到王懿娴，发现其聪颖有文采，而且诗书棋画无所不通。果然，二人结为伉俪后，恩爱有加，彼此十分满意。

张之洞，字孝达，号香涛，直隶南皮县人。咸丰二年（1852），16 岁的张之洞中解元。同治二年（1863）中殿试探花，授翰林院编修。官至军机大臣、学部尚书、东阁大学士等职。

王懿娴贤而有才，为王氏家族继王照圆后，又一个才女，她琴棋书画皆能，温柔而甚有主见。婚后夫妻十分融洽，往往剪烛长谈，共吟诗篇。

张之洞为官清廉，本来任四川学政是一肥差，可他任满返京时，竟无钱置办行装。是王懿娴用首饰换得了他一身像样的行头。在北京，王懿娴想为丈夫祝贺婚后第一个纪念日，张之洞同样拿不出钱来，还是夫人将自己的裘皮大衣典当了才置办了一桌丰盛的宴席。

光绪三年（1877）王懿娴生下一女，取名仁准。光绪五年（1879），王懿娴因产后失血过多病逝，年仅 23 岁。

张之洞为悼念亡妻，作《咏叹》诗三首，并发誓终身不再娶妻。

除上述五人之外，王氏家族中还有众多杰出的女性，如王崇燕之妻张允淑、王崇烈继夫人陈孺云、王崇焕之妻沈宜、王崇焕长女王福重等。她们或才华盖世，或忠孝仁爱，或正直刚烈，或三者兼备，显示出卓尔不凡的气节，即展示出古现王氏世家的风采，又为其家风的传承发展做出了宝贵的贡献。

王懿荣

王懿荣是甲骨文的首先发现者、收藏者和断代者，把中国的信史提早了一千多年，开辟了甲骨学史新纪元。王懿荣不仅是甲骨文研究的开山鼻祖，还是一位忠君爱国的民族英雄，在国家民族危难之际，以身殉国，彰显一代忠臣宁为玉碎、不为瓦全的凛然气节。

钟河岳精英，硕学鸿文，西清独步。还天地正气，成仁取义，东海一人。
——（清）叶大匡

◉ 生平

王懿荣

王懿荣（1845—1900），原名王贻棨，字正孺，又字廉生，晚号养潜居士。出生于福山县西北保古现社古现村（今古现东村）。清光绪六年（1880）中进士，入选庶吉士，历官翰林院编修、河南乡试主考、翰林院侍读、侍讲、日讲起居注官、南书房行走、国子监祭酒、会典馆总纂、京师团练大臣、赠侍郎衔，国史有传。光绪二十五年（1899），王懿荣发现了甲骨文，是19世纪我国著名的金石学家、甲骨文的首先发现者、断代者、命名者、收藏者。光绪二十六年（1900），任京师团练大臣，8月15日（农历七月二十日）抵抗八国联军入侵兵败，携妻、儿媳投井壮烈殉国。享年56岁。朝廷赠侍郎衔，谥号文敏。

学术成就

王懿荣与金石学　王懿荣幼承家学，从小受父亲王祖源的熏陶，爱上古文字。《福山县志稿》载，祖源“性耽金石、古玩，日流连于厂肆中，量力购置。虽箪瓢屡空，弗恤也”。“俸入稍优，乃汇刻《天壤阁丛书》，以惠学者焉”。可见其父对金石、古玩的热衷程度和学识上的造诣。

王懿荣6岁入古现王氏家塾，先后受业于母舅谢琴南、谢虞臣以及表伯张恩煦等人。15岁随父进京，拜翰林院编修崔清如、礼部主事周孟伯等人为师，从此，正式开始了古文字研究。他聪颖勤奋，泛涉书史，过目不忘。因全身心投入古文字研究，他“不屑于章句帖括”，而“笃好旧椠本书、古彝器、碑版、图画之属”，尤潜心金石之学。为搜求文物古籍，他足迹遍及山东、河北、陕西、河南、四川等地，“凡书籍字画、三代以来之铜器、印章、泉货、残石、片瓦，无不珍藏而秘玩之”。为此，他花费了不少心血和金钱，有时不得不“典衣求之，或质他种以备新收”，比其父有过之而无不及。王懿荣搜求、收藏文物古籍，还得到黄夫人的倾情支持，“好极力怂恿购之以为快”。

自清同治元年（1862）至光绪七年（1881），王懿荣曾先后拜访当时著名的收藏家、金石文字学者潘祖荫、吴大澂、翁同龢、陈介祺、缪荃孙、王孝禹等，同他们考订违合，剔抉幽隐。他历时十九年，编纂成《汉石存目》《南北朝存石目》等书，成为当时著名的金石文字学专家，以致北京琉璃厂古玩店的商贾经常向他请教。另外，他所著《大朝石存目》《王廉生古泉精选拓本》，对古币、印章都做过较深的研究。他的500多方秦汉章为《老残游记》的作者刘铁云所得，成为《铁云藏印》材料的主要来源。王懿荣曾欲重修《福山县志》，后未成书，仅存《福山金石录》残稿。由

王懿荣金石学著述

此可见他在金石文字方面的特长。王懿荣生前为世人留下许多著作，其中古文字研究和收藏方面的著作占有不可替代的重要地位。如《攀古楼藏器释文》《古泉选》《天壤阁杂记》等。从这些著述中，足可看出他是一位出类拔萃的古文字学家和收藏家。王懿荣曾三任翰林院庶常馆教习，三为国子监祭酒。“诸生得其指授，皆相勉为实学”，时人称其为“太学师”。他还曾被誉为清末“四大公车”之一，以金石文字学家享盛名于海内。

王懿荣与甲骨文 王懿荣从青年时期开始即爱好、学习、研究古文字，经过近 40 年的广博积累，终于攀登上了古文字的第一个高峰——第一个发现了甲骨文。

清光绪二十五年（1899），王懿荣罹患疟疾。家人从宣武门外菜市口达仁堂药店买回一味“龙骨”药物。凭着对古文字颇具造诣的研究，王懿荣偶然发现这味叫作“龙骨”的中药上刻有刀痕，与铜器铭文颇为相似，又好像文字一样的东西，于是他便把这家药铺里刻有这种文字的“龙骨”以重价全部买下。

是年秋，山东潍县商人范维卿在河南安阳小屯村收购了一批甲骨，他精选 12 片，来到北京，经药店掌柜引荐，来到王府。王懿荣见到送来的大片甲骨，分外高兴，认为这是中国最古老的文字。王懿荣用一片二两银子的天价全部收下，经过研究，“其文字，则确在篆籀之前”，终于考证断定出这些“龙骨”并不是真正的龙骨，而是商代遗留下来的乌龟壳和牛的肩胛骨；上面刻的文字就是当时使用的象形文字，即商代文字，并认为这些文字大都是商王室的“档案”，在这些一片片的“龙骨”上，记载了殷代的宗教、战争、农业、牧业、手工业、气象、政权组织及文化生活等方面的概况。此后，王懿荣开始秘密收集，所得甲骨约 1200 余片。

甲骨

光绪二十一年（1895），八国联军入侵北京，王懿荣只好放下刚刚破译的文字和甲骨拓本，率领守城军民与敌作战。在他殉国三年后，其门生刘鹗在收集甲骨 1080 片的基础上，拓刊出版了中国第一部甲骨文著作《铁云藏龟》。研究证明，商代甲骨文是汉字进入成熟期的文字，共有 5000 多个单字，形成了完整的文字体系。

正是王懿荣发现了甲骨文，才有后来大量的收藏甲骨，为后来的研究者提供了实物和史料。甲骨文的确认使中国历史学、古文字学的研究进入了一个新领域，同时也把中国的信史提早了一千多年。而王懿荣作为甲骨文的首先发现者、断代者、收藏者，其功绩是不可磨灭的。

◉ 书法艺术

王懿荣书法刚健清华，无美不备（陆润庠语）；不名一体，古意盎然（郭夜惠语）。这是对王懿荣书法准确的概括评价。《中国书法鉴赏大辞典》对其作了到位的具体评价：用笔老辣，字体风格显得轻松而畅达……其点画之间连接紧密，疏密变化多，颇具姿态。落笔不十分强调藏锋逆入，有时顺锋而入，显得秀而自然；转折多有方折，方圆兼用，这些都是掺以北魏书之笔意。不追求邓石如的厚重，强调整幅作品的节奏韵律，追求严整和灵动。

纵观其书法，有四个突出特点：

（一）王懿荣行楷书多见于对联、中堂。通篇观之如金石铺地，字距、行距、布局疏朗别致，稳重大气，字字独立，上下呼应，意连笔不连，气贯通篇。

（二）王懿荣隶书宗法《礼器碑》。匾额所题隶书，凝重拙朴，劲健如铁。有时以隶书作手札，随意之笔，生辣拙朴，变化多端，一字一奇，不可端倪。

（三）王懿荣行草多见于他留下的信札之中，有致翁同龢信札10余通、致陈介祺80余通、致潘祖荫60余通、致缪荃孙100余通、致吴大澂10余通、致张之洞20余通、致王守训40余通等，这些书信大都用行草书写，从中可以看出其行草得法于李邕书法之妙点，结字宽博，左低右高，呈侧势之美。

（四）王懿荣尤善大幅大字，如现藏于四川龙藏寺《大朗和尚封号碑》，碑文近600字，此碑为清光绪七年（1881）王懿荣中翰林进士后，赴蜀探视父母，川督丁宝桢所嘱写的。此碑字体浑厚劲秀兼而有之，苏东坡体韵味最浓，为其书体代表作之一。

王懿荣的书法艺术，一有独特艺术内涵和高品位；二有魏晋碑版与唐宋气息融合碰撞，以金石厚重和文卷文人气度构成王懿荣独特书体意境；三有书法实用性和艺术性，在王懿荣书法艺术实践中达到了书艺的高度统一；四是王懿荣书法给人以凛然正气，“文如其人，书以其人”，是其人格和气节的光彩折射。

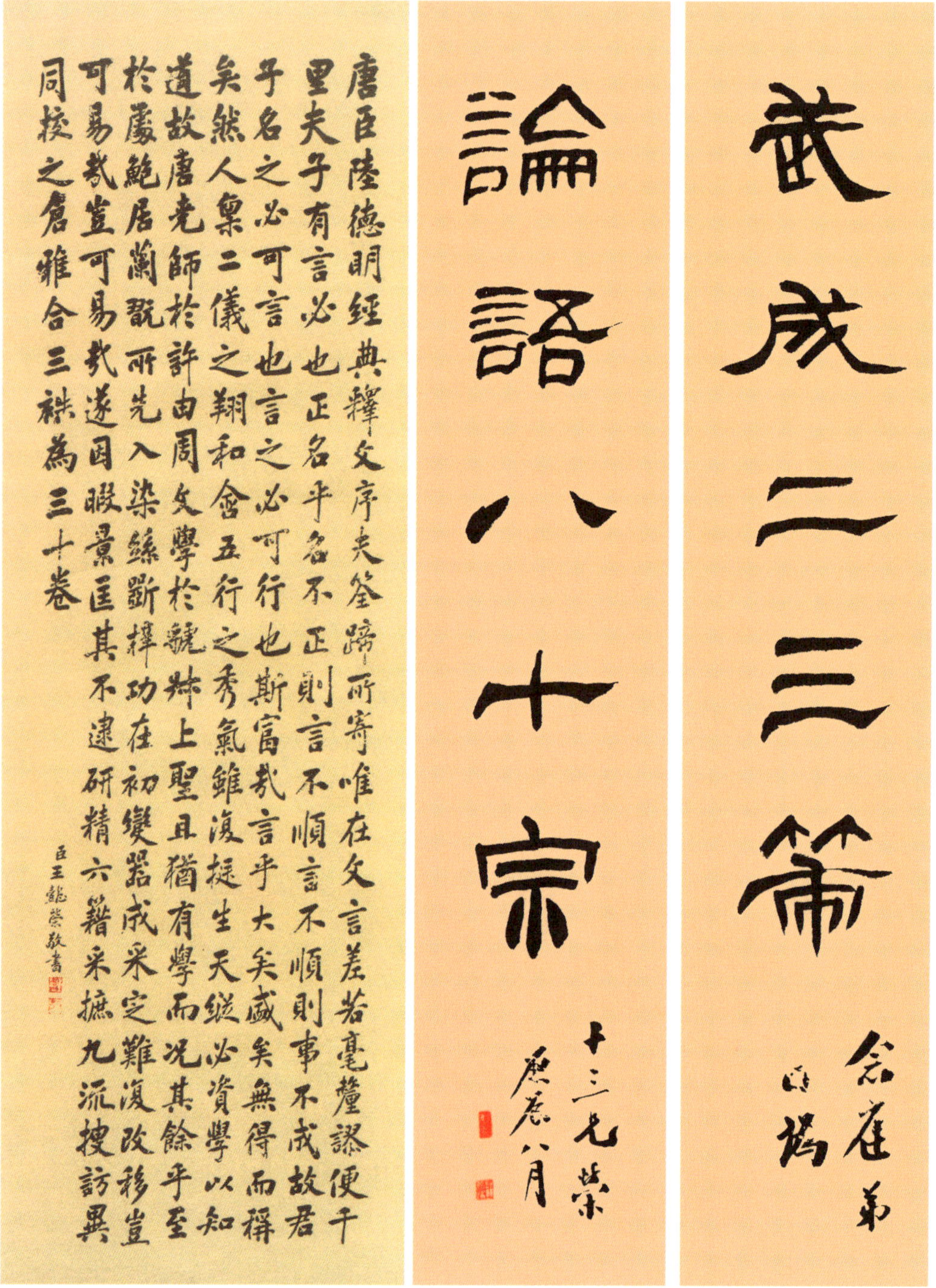

王懿荣书法

王懿荣书法

王懿荣题慈禧太后花卉图

王懿荣题慈禧太后工笔松鹤图

慈圣天语福寿久长
慈圣御赐多受福祉
大绘阁
慈圣御赐松寿
慈圣御赐四季平安
慈圣御赐松寿
王懿荣印
臣懿荣印
王懿荣印
王懿荣印
王懿荣印
王正孺
王懿荣
王懿荣
王懿荣
王懿荣字正孺
懿荣
王懿荣
臣王懿荣
廉生
廉生
恭箓册宝臣荣
纯樞
福山王氏古龙节馆收藏金石书画之印
翰林院编修福山王懿荣私印
王懿荣长寿年宜子孙
翰书
三为祭酒
翰林供奉
翰林供奉
南斋供奉
国子先生
南斋供奉
世为史官
南斋供奉
廉生秘玩
翰书
石泉瓦斋
搦笔
齐东野人之语
廉生羽来
护封
乙未
王押
王押
鲜民之生

王懿荣常用印

◉ 爱国气节

王懿荣不仅以其学识渊博和发现甲骨文著称于世，还是一位秉承“忠孝”“遗命”，忧国忧民，富有民族气节的爱国志士。

清光绪六年（1880），王懿荣于庚辰顺天乡试中举，成进士，改庶吉士。光绪九年（1883），授翰林院编修，曾出任恩科河南乡试正考官。光绪二十年（1894），大考一等，迁侍读。明年，入直南书房，任行走，晋国子监祭酒。

王懿荣承担国家教育大任，忠于职守，尽职尽责为国家效力。他非常敬仰民族英雄戚继光，以捍卫国家主权为己任。光绪十四年（1888）在翰林院供职时，为激励山东官民发扬明代抗倭名将戚继光杀敌御侮的爱国精神，他特意借抄翰林院所藏戚继光所著《止止堂集》，送交山东巡抚张曜在济南刊刻重印，并亲自为文作序。

光绪二十年（1894），中日甲午战争爆发，“日军据威海，分陷荣城，登州大震”。在强烈的爱国热忱驱使下，王懿荣毅然上疏，奏请光绪皇帝坚定信心，任用忠良，随时做好迎击侵略者的准备。之后又上疏，奏请光绪皇帝，“详度夷情，审量时局”，高度警惕，誓同外国侵略者坚决斗争。光绪二十一年（1895），甲午海战失利。消息传到北京，王懿荣忧心似焚，毅然上疏请旨，要求回山东故乡办团练，投笔从戎，抵御日本侵略军。光绪皇帝准其奏请，并拨给饷银 2.5 万两以助军资。王懿荣当即由京驰驿赶赴济南，

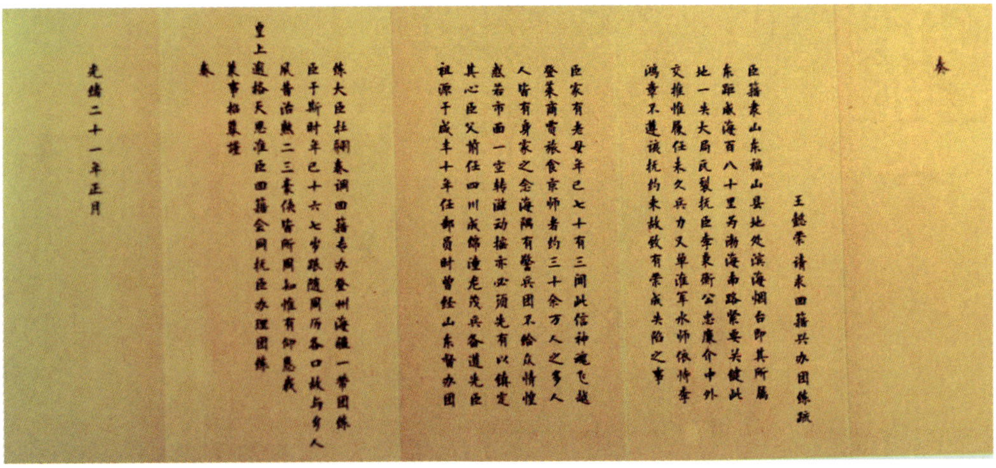
奏
王懿荣 请求回籍兴办团练疏
臣籍隶山东福山县地处滨海烟台即其所属
东距威海百八十里为渤海南路紧要关键此
地一失大局民裂抚臣李秉衡公忠廉介中外
文推惟履任未久兵力又单淮军水师依恃李
鸿章不遑该抚约束故致有荣成失陷之事
臣家有老母年已七十有三闻此信神魂飞越
登莱商贾旅食京师者约三十余万人之多人
人皆有身家之念海隔有警兵团不给众情惶
惑若市面一空转瞬动摇亦必须先有以镇定
其心臣父前任四川成绵潼龙茂兵备道先臣
祖源于咸丰十年任部员时曾经山东督办团
练大臣杜翻奏调回籍专办登州海疆一带团练
臣于斯时年已十六七岁跟随周历各口被与乡人
风习洽熟二三素侠皆所周知惟有仰恳
皇上逾格天恩准臣回籍会同抚臣办理团练
美事招集谨
奏
光绪二十一年正月

《王懿荣请求回籍兴办团练疏》

会同山东巡抚商酌防务后，旋又赴登州防次，周览形势，联络乡团，一支初具规模的抗日团练很快在登州组成。正当团练武装力量要与日本侵略者决一死战之际，李鸿章代表清政府同日本签订了丧权辱国的《马关条约》。王懿荣痛心疾首，深以“未能为国家尽一力”而遗憾，写下七绝《偶感》，表达了请缨杀敌、保家卫国的英雄气概和壮志未酬的强烈心声。随后，他遣散了调集的抗日将士，变卖家产，缴还国家发给的饷银。山东巡抚馈以千金，他分毫不收。王懿荣将缴还部饷的事禀陈母亲，母亲充分肯定和大力支持他的这种爱国义举。

光绪二十六年（1900）七月，八国联军入侵北京，清王室及文官武将纷纷敛财逃命。在国家危难之际，王懿荣受命为京师团练大臣，负责保卫京城。作为一个文职官员的国子监祭酒，担任一个武职要员，王懿荣“勉为其难”，但他接受职务之后，“殚竭精力”，不辜负朝廷信任，不敢辱没国家的神圣使命。七月二十日，侵略军攻入东便门，王懿荣奋然“率勇拒之”，终因寡不敌众，败回私宅。第二日，他不甘心做亡国奴，对家人说：“吾义不可苟生！”随即楷书绝命词：“主忧臣辱，主辱臣死。于止知其所止，此为近之。”遂偕谢夫人、长媳张夫人投井殉国，表现了对侵略者的严正抗议和宁为玉碎、不为瓦全的崇高气节。

十日后，王懿荣遗体由张振卿、王伯恭、王杜松等由井中捞出，安葬于私宅花园隙地。未几，由王孝禹、张燕谋复为移厝于京师郊外宝应寺义园。光绪二十七年（1901），王懿荣次子崇烈扶柩奉葬于家乡两甲坡西北顶。

贈侍郎銜國子監祭酒謚文敏王懿榮祭文
朕惟儒臣礪節千秌垂青史之名國典褒忠九陛拜琱篋之賜爾雄心而敵愾義
不偷生孝彝典以摛文恩宜特沛爾原任國子監祭酒王懿榮稟靈山左抗志朝
端經術淹通文章雅正入金門而登上第摛華則與擅蓬萊持玉尺而泣中州額
俊則材呈嵩洛曾試諫垣而居首旋膺綜典而書名曾因詞苑掄英凌雲賦奏遂
荷天章錫寵晝日亳簪命儤直乎南齋竝儤書乎東觀超遷侍讀晉授司成珥筆
禁廷紀金鑾之盛遇授經太學沭辟沿之清芬攷文而會典勤脩頭銜用錫肆武
而海防通整指畫無虛爰及還朝聿勤內直豈意猝開兵釁求頗牧於禁中頓教
共爝封灰震鼓鼙於輦下表奮劍結纓之志臣節克完動疾風勁草之思朕衷增
慟宜加優卹以慰忠魂既予謚以易名更晉堦而錫鷹彝章告畚俎豆鳶馨於戲
取義成仁讀聖賢書而無愧表忠勵節壯河山色而弥光惟此潔蠲爾其歆受

光绪帝赠王懿荣祭文

◉ 轶事

以状索鱼

有一天，国子监祭酒王懿荣路过崇文门时，见一位老汉蹲在路旁伤心地抽泣，便躬身询问，老人泪眼汪汪地说道："我今天运气不好，挑着一担鲤鱼进城来，碰着顺天府尹大人的轿子出城，差官说我冲撞了老爷，就夺去了我的鱼担，还有邻里托我代卖的粮食……"

王懿荣听后很气愤，安慰老汉说："老人家，不要焦急上火，我给你写个状子。等府尹老爷回来，你就呈上去，他会把担子还给你。"遂到路边客栈借来笔墨，把状子写好，交给老人，便向翰林院奔去。

老汉等了一会儿，忽听鸣锣，路人闪开，府尹轿至。老汉急跪轿前，高声喊道："小民冤枉！"官差执事吓了一跳，一见是卖鲤鱼的老汉，便吆喝道："你好大胆子，敢拦大人轿子，找死呀！"老汉分辩道："小人不敢，是大老爷的朋友给俺写了状子，叫小人呈上！"差人只好招呼住轿，府尹问明情况，命把状子呈上。府尹一看，上书：府尹大人每日食谱及做法。清蒸鲤鱼，做法……红烧鲤鱼，做法……炸鲤鱼段，做法……糟溜鲤鱼片，做法……烹饪师者，福山县王懿荣也。府尹一看，心里明白，如不还担，这顶子也就没了，忙命人把担子还了老人，并对老人说："下次走路要当心哟！"老人道了谢，进城卖鱼去了。

"刺"退狗才

王懿荣在家乡办团练，因议和停办，接到上谕，处理完善后事务，即刻乘船经天津返京。到了天津码头，因时间尚早，便到天后宫古董一条街上去搜求文物。

王懿荣来到北城根，发现一老人大声吆喝："买呀！二两银子一个，李中堂老娘的泥像！"顿时围上了许多人。王懿荣亦走上前去，想看个究竟，正在端详，不觉心头一乐。原来泥像捏得栩栩如生，刚要答话，突然一群兵丁，不分青红皂白就要抓卖泥像的老人。王懿荣上前大喝一声："朗朗乾坤，凭什么乱抓人？！"为首者阴阳怪气地说："你是什么人哪！敢管中堂衙门的事！""哦，原来是李中堂的人，敢问这位老人所犯何法？"回道："吾乃总督衙门总管，中堂大人叫泥人张为其老娘捏泥像，他漫天要价，非要二十两银子，中堂大人说他勒索，他便带着像回家，却在此公开叫卖，有辱中堂大人脸面，所以要逮回交中堂大人发落。”

王懿荣听罢，本想怒斥这些仗势欺人的狗才，转念一想，便说：“这是我的名刺（名片），请回去交给你家大人，就说：泥像并没标出中堂大人老娘的名讳，怎能硬说成中堂大人的老娘！再说泥像是让人供奉的，中堂大人母亲的像能和观世音一样被人们供奉，岂不是中堂大人前世修下的恩德，岂有抓人之理？”总管见了“名刺”，忙道：“原来是王祭酒大人，小人有眼不识泰山，得罪了，得罪！我回去一定如实禀奏中堂大人。”遂向兵丁吼道：“还不快退下！”王懿荣这才对泥人张作揖道：“原来是张明山先生，失敬，失敬！”泥人张忙跪下道：“小人今幸得大人相助，感谢王大人的大恩大德。大人怎知小人名字？”王懿荣笑道：“次子崇烈常向我提及先生，今日得见，三生有幸，不必言谢，继续你的买卖吧。”

第二天一早，家人说泥人张求见。“快请。”王懿荣道。不一会儿，泥人张走进客栈，先是感谢昨天救命之恩，又从怀里捧出一尊像，并说：“无以报答大人，捏一像给大人留个念想，请大人务必笑纳。”王懿荣一看心中大喜，忙说：“你们艺人生活不易，我一定付你银子。”泥人张决不肯收，只见桌上有一副刚写好的对联，上联是：热闹场中良友少；下联是：巧机关里祸根蟠。“那好，就请大人将此墨宝赏赐小人可否？”“好！就给先生也留个纪念吧！”说完，两人都哈哈大笑。

这尊泥像现存清华大学图书馆。

为民题匾

王懿荣一生疾恶如仇，遇事总能伸张正义，巧妙处之。他考中进士以后，回村路过蓬莱大季家，进一家饭店吃饭。店中人员专横跋扈，他又到了另一家。这家饭店冷落无人，王懿荣一问方知：原来本店厨师手艺高超，本来生意兴隆，但因另家饭店有大官撑腰，无人敢惹，所以客人都不敢到本店吃饭，只能到另家店凑合。王懿荣当即叫店老板拿出笔墨，给他写了一个匾额，署名福山进士王懿荣。

从此，这家饭店又兴旺繁荣起来。

骑驴还乡

一年，在京为官的王懿荣欲返回福山省亲。福山县令闻此消息，立即派出一队轿夫前去芝罘迎接。轿夫走到珠玑村附近，迎面过来一个骑驴的布衣，此人只顾手牵缰绳赶路，未见过来的一乘大轿。轿夫们耀武扬威，横冲直撞，竟将骑驴人撞倒驴下，跌了满身尘土。骑驴人爬将起来质问道："役吏，为何将我撞倒？"轿夫班头对布衣横眉竖眼呵斥道："什么？！你挡老爷的轿还敢质问？你知道吗？这是去接京官的大轿，快快让路！"说着吆三喝四地扬长而去。布衣正待上前讲理，但见轿夫已经远去，他连连摇头，苦笑不语，骑驴继续赶路。

轿夫们来到芝罘驿站，得知京官已自己动身去了福山，立即返回县府。当轿夫班头去向县令老爷禀报时，只见大堂上有一布衣正在与县令老爷叙谈。班头一下明白过来，此人就是京官，赶忙上前叩首求饶："小的有眼不识泰山，请大人恕罪。"布衣面含笑容说："站起来吧！本官不怪罪你们，不要叩破了头。"转而神情严肃地说道："不过今后不得以官压人，仗势欺人，这纯属不规之道，应力戒之！记住了吗？"班头连连称是："小的铭记在心，不忘老爷教诲。"布衣轻轻挥了一下手："你们也很辛苦了，下堂歇息去吧！"班头目视着布衣慈祥温和的脸膛，深有愧疚地连连点头，退下堂去。

原来王懿荣自京师来到芝罘后，为了不惊动地方官府迎送，便自行雇了一头毛驴，微服返里，才弄出这样一场小小风波。

◉ 遗存

《福山金石志残稿》《福山金石志残稿》是王懿荣为《福山县志》编纂《金石志》留下的志稿。著录了自周朝到元朝的金石文物。后附《光绪二十三年福山修志局采访石目》。王懿荣首先把金石名称、出土地点著录清楚。原石久佚或原石存而文字漫漶者，则将文字全部记录下来。

龟注砚 此砚系朝鲜敬献慈禧的贡品。砚台长 20 厘米、宽 12 厘米、高 4 厘米。砚盖阴刻一条龙，腾空而翔，气势雄伟。两边刻着对联："名传即墨品重端爰，山水夙好瑜瑾奇光。"底款：朝鲜"国金胜镇堂造"（该堂专为朝鲜皇室贵族制砚）。揭开砚盖，一只小龟跃然砚台之上，栩栩如生，水存砚台中部，用笔轻击，水即从龟口溢出，砚底有一小室，放几块火炭，扣上底盖，砚体和水都是温的，寒冬墨不凝固。此砚研出的墨细腻又滑润。清光绪二十年十月十日（1894 年 11 月 7 日）慈禧六十大寿，孔子的 76 代嫡孙世袭一品"衍圣公"孔令怡与母彭夫人到场拜寿。慈禧亲手绘制金箔"松鹤图"，并当场令王懿荣题款。王懿荣欣然命笔，题上款“光绪甲午季秋下院御笔”，下款“九皋声远和鸣时，一幅高秋画入诗。最是朝阳渲染处，金光飞上万年枝”。慈禧看后十分满意，遂将笔砚均赐给王懿荣。他大喜过望，爱不释手，伴随六个春秋。历经百余年，砚落王宴（同祖 18 世，原辽宁省商业厅长、作家）之手，在王懿荣发现甲骨文 100 周年时，80 多岁的王宴无偿献给纪念馆，成为镇馆之宝，供世人观赏。

甲骨　据福山文化学者吕伟达先生考证，王懿荣所购藏甲骨共计 1608 片。王懿荣死后，其所藏甲骨转入刘鹗之手者 1085 片，现存上海博物馆。子王崇烈墓中出土被群众砸碎 1 片。子王崇焕赠方豪 2 片，现存台湾。其余分别存中国社会科学院 25 片、天津博物馆 397 片、美国波士顿 100 片。福山王懿荣纪念馆仅存 2 片，一片上书：㱿贞今春王省北方是会得到（上天、祖先）保佑；另一片上书：戊寅卜㱿贞寅时风会不会成灾害。

鼻烟壶　以缅甸精品翡翠制成，做工精美。王懿荣德才深得光绪帝的赏识，特将他所喜爱的鼻烟壶赐之。

戚继光宝刀　戚继光为明代抗倭英雄，其所佩宝刀曾传莱阳知县徐桂宝之手，徐桂宝知悉王懿荣率兵抵抗八国联军，遂把宝刀献给王懿荣。

对联中堂　王懿荣手书对联 13 副，中堂 1 副。

其他文物　清代车 1 辆；王懿荣官帽一顶、衣服一件、靴一双、印一方，所著书籍若干本。

慈禧太后赐王懿荣“寿”字

光绪帝赐王懿荣鼻烟壶

附：王懿荣谱略

道光二十五年乙巳，一岁。

福山王氏本籍云南大理府云南县。明洪武间，盐场公讳忠官福山，遂卜居焉。世为邑望族。

是年，六月初八寅时公生。时公祖荣禄公讳兆琛官山西巡抚，命名曰懿荣，字曰廉生。行十三，为公考资政公讳祖源长子。公妣谢太夫人，为同邑广东虎门同知牧之公女。

二十七年丁未，三岁。

是年，公祖荣禄公在山西巡抚任。公祖妣于太夫人在籍，闻戚党称颂蓬莱黄公熙庭讳宗敬次女姿禀端淑，性情柔顺，乃为公议亲黄氏。时熙庭公之封翁南城公（讳璇光）方卸江西南城县知县篆，就养熙庭公保定寓宅。南城公谓熙庭公曰："吾郡大姓，惟福山王氏德最厚，故其世泽亦最长，子孙蕃昌，科第绵衍。中丞公第五子尤孝友笃厚，其后必大，可许之！"公即以是年订婚，方三岁耳。

三十年庚戌，六岁。

是年，公受业于外叔祖谢学庵先生（敩之，邑庠生）。

三年癸丑，九岁。

是年，公受业于母舅谢琴南（焕昭，廪生）、谢价人（应劭，庠生）两先生。

六年丙辰，十二岁。

是年，资政公入都，供职兵部主事。公侍谢太夫人留居里中，依外祖家。就读台子街同里王氏家塾，受业母舅谢虞臣先生（应起，道光乙酉拔贡，河南宜阳县知县）。

八年戊午，十四岁。

是年，公受业表伯张墨林先生（恩煦，咸丰庚申进士，直隶乐亭县知县）。

九年己未，十五岁。

是年，公受业母舅谢仁山先生（荣宗，廪生，咸丰辛酉殉难）。公携弟妹侍谢太夫人于本年入都。

在京受业于崔清如先生（穆之，山东茌平县人，咸丰庚申进士，翰林院编修，湖南岳常澧道）。

十年庚申，十六岁。

公考资政公奉旨回籍团练，公随侍至济南。

是年，公肄业济南泺源书院。

十一年辛酉，十七岁。

是年，公受业明仲居先生（广，山东禹城县人，道光癸卯举人，候选知县）。

同治元年壬戌，十八岁。

是年五月三日，公就姻保定。时公外舅黄公熙庭需次保定，寓十家姑子庵街。黄夫人长公四岁，以道光二十一年（1840）辛丑六月三十日生于熙庭公邢台任所。时熙庭公方任直隶邢台县典史也。七岁时随母回蓬莱原籍，住城内上马台旧宅。至是复来保定。公伯父文安公（讳丙堃，任直隶文安县知县）、伯母孔恭人在保定为公主婚，亲视成礼。

公应本年顺天乡试，房官许涑文先生（其光）得公文奇之，以北元请于主试者，未获允，而涑文先生遂不以一第争，坐是报罢。

二年癸亥，十九岁。

是年，公受业于周孟伯先生（悦让，山东莱阳县人，道光丁未进士，礼部主事）。

八年己巳，二十五岁。

正月，题《登州古器物拓本》，福山出土各物，悉数收入。后编县志金石门即据此为蓝本。

十年辛未，二十七岁。

是年，公任京秩。时笃好旧椠本书、古彝器、碑版、图书之属，散署后必阅市，时有所见。

冬月，黄夫人得乳癌之疾，为庸医所误创，血涔涔下，日数斗，历三年不瘳，体气大亏。

十月朔日，为海丰吴虞年仪部（峋）题其祖《吴子米苾阁部（式芬）

道光乙未会试朱墨卷》。

十一年壬申，二十八岁。

是年五月，资政公简放四川龙安府知府，旋携眷赴任，公留京供职。

十二年癸酉，二十九岁。

是年秋，公应顺天乡试，中式副贡第一名。

十三年甲戌，三十岁。

八月，公大病，病疟三阅月未已。

光绪元年乙亥，三十一岁。

试顺天恩科不第。

二年丙子，三十二岁。

本年秋试，房荐为房师樊介轩提学（恭煦）。

三年丁丑，三十三岁。

是年八月初四，黄夫人殁于京寓兵部洼中街宅，享年三十七岁。

公撰诰封宜人原配黄宜人行状。

四年戊寅，三十四岁。

是年三月，公乞假赴蜀省亲，携次女崇熯、次子崇烈由京遵陆起程，至四川龙安府资政公官署。

五年己卯，三十五岁。

二月，公由川返京师。

公应顺天乡试，中式三十一名举人。复试一等第七名。

六年庚辰，三十六岁。

公应会试联捷，中式第一百五十六名贡士。

复试一等第三十五名。

殿试二甲第十七名，赐进士出身。朝考一等第三名，授翰林院庶吉士。

是年十一月，旋里，道出直隶盐山县境王墅镇，得天保造像残石。十二月抵里。祀皂后，至登州城，大雪，住二日，回古幌村度岁。

七年辛巳，三十七岁。

新年至烟台，住二日。二月间北上，过黄县，住族人松溪太史（讳守训，山东黄县人，光绪丙戌科进士，官翰林院检讨。与公为兄弟行，至相契洽，有逾手足）家；过潍县，住陈簠斋太史（介祺，山东潍县人，道光乙巳科进士，官翰林院编修）家；过寿光，谒本生高祖母家李宗丞祠。还京寓。

春间，撮录《南北朝存石目》成。

三月，为潍县高南郑（庆龄）撰《〈齐鲁古印捃〉序》。

公乞假由京赴川省资政公，自京起程，遵陆抵川。时资政公任成都府知府。

八年壬午，三十八岁。

八月，由川入都应馆试，绕道河南陈州府，遣嫁次女崇媖适海丰吴氏，为吴仲饴太守（重熹，山东海丰县人，官至河南巡抚）次子葑（字阆生，官江苏江安督粮道，至署两淮盐运使）妇。时仲饴先生官河南陈州府知府也。

十一月北行，二十八日抵直隶良乡县。十二月初八，续娶谢夫人，为公母舅谢公方平（讳伟勋，山东福山县人，官直隶候补知府）女。时方平公任良乡县知县。

十二月入京，寓连升店，旋租大外廊营北口内路东大门。二十四日谢夫人至京师。

九年癸未，三十九岁。

是年，公考资政公署四川按察使司按察使。

公散馆取一等二十六名，授职编修。

十一月二十六日，移居东安门外锡拉胡同宅，为长白敏恪公广寿故居。

召试南书房，未取录。

充国史馆协修官，本衙门撰文。

十年甲申，四十岁。

充会典馆纂修帮总纂官。

二月初八，奏上《更定京员津贴银两名目疏》。

同日，奏上《请复古本〈尚书〉附入〈十三经注疏〉与今本〈尚书〉并行疏》。

三月，奏上《醇亲王位分尊崇请恪遵御论收回成命疏》。

同月，奏上《请速开马颊分减黄流以弥东患而卫畿辅疏》。

是年，公有眩晕呕吐之疾，经久不愈。

十一年乙酉，四十一岁。

是年，公以有疾未痊，不与考差之试。

十二年丙戌，四十二岁。

二月十四日，公考资政公殁于京寓锡拉胡同。是岁，公偕信卿公扶资政公柩由京遄返福山原籍，奉厝先茔。

十四年戊子，四十四岁。

公奉谢太夫人归养福山，时县宅落成。旋以服阕赴省呈报起复，返京供职。

十二月，以借抄翰林院藏明刻《止止堂集》，嘱山东巡抚张勤果公（曜）刻于济南。

十五年己丑，四十五岁。

三月，撰《重刻戚武毅公〈止止堂集〉叙》。

六月十六日，奏上《恳恩特饬续修〈四库全书〉疏》。

同日，奏上《请训饬衍圣公向学并饬整理衍圣公府地产疏》。

同日，奏上《胪陈本朝儒臣所撰〈十三经疏义〉请列学宫疏》。

是年，公乞假归葬资政公于两甲坡先茔，事毕还京。为长子崇燕授室，娶丰润张氏，为给事中张公安圃（人骏，直隶丰润县人，同治戊辰科进士，官至两江总督、协办大学士）长女。

己丑恩科各直省乡试，公任磨勘试卷官。

公考试御史，钦取第一名，记名御史，晋侍讲衔。

十六年庚寅，四十六岁。

十一月，以资政公两甲坡（一名梁甲坡）墓前石付琉璃厂工制座，并系以辞云："松山一角，海色苍茫，梦魂千里，风雨泷冈。"至是公已释服两年，犹复惓怀弗已也。

十八年壬辰，四十八岁。

壬辰科会试，公任磨勘试卷官。

三月二十一日，公第四子生，继室谢夫人出，命名曰崇焕，字曰汉章。

五月，长子崇燕患病甚剧。先是应本年会试，二三场出，咯血满地。

命次子崇烈就婚济南，续娶玉田蒋氏，为山东章丘县知县蒋公庆第次女，翰林院检讨蒋式瑀胞姊。

十九年癸巳，四十九岁。

五月初三，公长子崇燕殁于京宅，年二十六岁。公哭之恸。

秋，公奉旨派充河南正考官。试毕归京。有《过邢台悼黄夫人》及《闱中望月忆长子崇燕》诸诗之作，哀怀凄恻，溢于行间。虽试事勤劳，悲终未塞也。

二十年甲午，五十岁。

九月初一，奏上《皇太后万寿吁请暂停点景但行朝贺疏》。时中东战起，海内震惊。此疏既上，京朝为之变色。

同日，奏上《时势孔亟请召用亲贤疏》。

同日，偕同王文锦、吴树梅联名，奏上《请召用恭亲王疏》。

十一月初四，奏上《详度夷情审量时局疏》。

二十一年乙未，五十一岁。

正月，奉旨派王懿荣办理登州团练，遵即回籍。

五月十八日，上谕王懿荣补国子监祭酒。

二十二年丙申，五十二岁。

公母谢太夫人以高年往返南北，劳累之余，时多不适，正月初六病殁福山城内北街里第。

公在京闻讣，星夜匍匐奔丧，遵制成服。自里中丧次驰函天津，手谕次子崇烈曰："吾父母吾不能奉养矣，此后之致身君国者，赴汤蹈火亦不敢辞。"公殉国之念盖已始于此时。

二十三年丁酉，五十三岁。

是岁，公里居守制，将以读礼之暇，重修《福山县志》。顾以旧志印行已久，应进行纂修者事多待访，乃先定义例，陆续从事。洎公殉国，尚未成书。

二十四年戊戌，五十四岁。

王懿荣以恭修会典全书过半，在事出力，奉旨加二品顶戴。

二十五年己亥，五十五岁。

五月，补授国子监祭酒。

六月，奏上《请重申旧章封禁天下古墓疏》。

是年秋，河南彰德府安阳县小商屯地方发现殷代卜骨龟甲甚多，上有文字。估人携之京师，公审定为殷商故物，购得数千片。是为吾国研究殷墟甲骨文字开创之始。

二十六年庚子，五十六岁。

上谕王懿荣为京师团练大臣。公勉为其难，殚竭精力，与陈、铁诸公昼夜擘画，日无暇晷。

七月二十日，公呼宣武门而出，至团练局。则洋兵已入城，甘军溃散，充斥途巷，练勇不能成军，大势已去。公抵夜入城。夜半，洋兵攻东安门。公徘徊庭院，念两宫之惊扰，不能入卫。翌晨，传闻銮舆西狩。十时，公谓谢夫人曰："吾可以死矣！"楷书绝命词一纸，曰："主忧臣辱，主辱臣死。于止知其所止，此为近之。"末署"京师团练大臣国子监祭酒南书房翰林王懿荣"。书竟，吞金钱二，不绝，复仰药，仍不绝，遂入井。谢夫人率长媳张氏相从入井死焉。时光绪二十六年七月二十一日也。

十日后，侍郎张振卿措资七十余金，置薄材三具，渴葬于本宅花园隙地。未几，复为移厝三柩于京师郊外宝应寺之义园。

九月，上谕追赠侍郎衔，赐谥"文敏"。

◉ 王懿荣纪念馆

王懿荣的学识和精神为世人所景仰，每逢重大节日或重大活动，学者、文人、艺术家等皆以各种形式纪念歌颂之。自清末至今，历史上许多学者名人对王懿荣的学术成果进行了大量的挖掘和研究，对他伟大的爱国主义精神进行了广泛深入地宣传和弘扬。

1989 年 10 月 17 日，为纪念王懿荣这位著名的甲骨文之父、爱国志士，在其诞辰 145 周年及发现甲骨文 90 周年，壮烈殉国 89 周年之际，福山区政府于城里街路北卍字会旧址建成王懿荣纪念馆，并举行了隆重的开馆典礼。王懿荣纪念馆展览内容分六大部分：光辉生平、甲骨文之父、忠烈千秋、风范长存、佳作传世、甲骨文书法，展示了王懿荣的手札、书信、著作、书法、甲骨片、办团练及抗联军时所用遗物以及生活用品等 300 余件。中国国际广播电台、新华社、香港《大公报》《文汇报》等媒体皆发布消息或专题予以报道。中国国际广播电台撰文道："今年是中国发现甲骨文 90 周年，为了纪念第一个甲骨文发现者王懿荣先生卓越功绩，王懿荣纪念馆日前在他的家乡山东半岛烟台市落成。王懿荣是 19 世纪中国著名金石文字专家。甲骨文是公元前 16 世纪刻在龟甲兽骨上的汉文文字。在甲骨文发现以前，人们所见到的最古老的文字只有铸或刻在古代铜器的文字，人们称它为金文。王懿荣的这一重大发现，为中国文字和古代史的研究开拓了新领域。王懿荣先生还是一位爱国志士，1900 年，他为了向入侵北京的八国联军表示

王懿荣纪念馆题词

反抗，不惜坠井自尽，显示了他宁为玉碎、不求瓦全的高尚民族气节。”

1995 年，著名诗人臧克家先生为王懿荣纪念馆展览书写“前言”并题词。“前言”写道：王懿荣先生是著名学者，首先发现甲骨文，为中国文化史揭开了新的篇章。他又是抗击帝国主义侵略者以全家之生命抵御外侮的一位忠烈。王懿荣不畏强暴、不惜牺牲的强烈爱国主义精神，激励着子孙后代为祖国的繁荣强盛而奋斗不息。他永远是我们学习的榜样。适逢王懿荣先生诞辰一百五十周年纪念之日和殉国九十五周年爱国主义展览举办之际，谨书短句以志敬仰之忱。题词为：慧眼识甲骨，高风拜先生。

1995 年，山东省文化厅、文物局授予王懿荣纪念馆“山东省优秀社会主义教育基地”称号。

1996 年，烟台市政府授予王懿荣纪念馆“优秀爱国主义教育基地”称号。

1999 年，王懿荣纪念馆迁入盐场村王氏庄园。此馆占地 3600 平方米，房屋 50 间，设 6 个展室，展出王懿荣生前收藏的甲骨文片、文房四宝、著作书籍、手札、手书对联、中堂、戚继光宝刀以及衣、靴、官帽生活用品和遗物等 300 余件。还有著名书法家、文学家、历史学家，党和国家高级干部、军队高级干部、省部级及地市级干部观展后留下评价王懿荣的书法、篆刻作品。纪念馆落成后，国内外人士和当地学生、烟台市各大学学生、四方游客皆纷纷到此参观。

楹联

文开甲骨为学者；
武显忠诚是烈风。

——孙世尧

甲骨殷文传万代；
忠良浩气贯千秋。

——王润九

先贤懿品乾坤照；
英烈荣德浩气传。

——唐元

宗师慧眼识龙骨；
忠烈丹心泣鬼神。

——吴永考

皇城古井安忠骨；
华夏新诗咏赤心。

——纪祥云

紫禁城高标梗骨；
清池水碧鉴丹忱。

——欧阳中石

浩气忠心真铁骨；
高风亮节大英雄。

——王成仁

慧眼识文传甲骨；
丹心报国铸精神。

——贺宗仪

一枚甲骨惊天下；
两代忠良启世人。

——解广海

中华字史，千秋溢彩；
甲骨丰功，百世流芳。

——陈殿堂

抵寇守城，赤胆忠心昭四海；
析文辨甲，奇才睿智耀千秋。

——戚树友

慧眼识甲骨，中华字史源头见；
丹心御群寇，民族精神大节全。

——马萧萧

慧眼识龙骨，中华字库传珍宝；
忠良现赤心，民族英雄铸国魂。

——郭本福

慧眼识甲骨龙文，功德流传百世；

忠良献丹心碧血，英史永载千秋。

——王振业

仓颉造字，许慎说文，周前文字无踪迹；

文敏识龟，鼎堂解卜，殷代卜龟有物证。

——马萧萧

慧心慧眼，刮垢磨光辨甲骨，开新学，钩罗沉轶，掌握文微，功识殷商成信史；

爱国爱民，高风亮节壮山河，抗强敌，前卫芝罘，终殉京城，义凝正气薄云天。

——刘谷

人物

以王氏家族为代表的古现东村先人，勤劳、淳朴、善良、聪慧。为民，乐善好施，勤俭持家，嫉恶扶贫，见义勇为；为官，为民造福，清正廉洁，敢于担当，尽忠报国。他们对国家和人民做出过不可磨灭的贡献，其高风亮节和优秀品德为后世留下不朽的精神财富。

王久任（1532—1607），字凤池。性刚直，尚气节，幼而能文学，使彙试八属诸生于宁海，擢冠军，以岁贡生，选山西汶水县主簿，时司矿务。“百姓感其廉恕，迁王府纪善，授迪功郎，归里卒，以孙鹭贵，诰赠光禄大夫，户部尚书加一级。”任山西文水县主簿时，明神宗派宦官开采银矿，王久任奉命管理矿事务，对宦官不卑不亢。为救矿工的子女，他用自己的子女调换。直到他致官返回故里，卖田 30 亩，赎回自己的孩子。当地百姓立碑颂德。王久任性格坦诚直率，为官清廉。山西巡抚魏允贞对他十分器重，迁官王府纪善候缺。王久任返乡时，文水县数万人攀辕号送者，至 50 余里，素与他不合的县令也叹曰：“不意王君之得民心有如此也！”王久任返家后，谢绝仕途，潜身以教书自给，教育族中子孙读书。家乡人们十分敬仰他，他死后，福山知县联络士民上报礼部推荐他为乡贤，奉祀于福山县文庙乡贤祠崇祀。

王道增（1577—1659），字仰池。《福山县志稿·行谊篇》载：“生而俊伟，修准棱颧，秀目美髯。性阔达倜傥，多大略。少好颜黄门家训，长通《左氏春秋内外传》，得其要领。”17 岁的王道增因家境艰困，只得放弃科考，挑起生活重担，支持父亲（王久任）为官。他躬身田渔，且耕且读，一人支撑贫寒的家庭。

明末，海上平岛（今长山列岛）设防驻军，熟悉海运的人很少，给养难以供应。镇守岛上将领发告示于附近州县，以重金招募海运者。因海上盗寇及风浪诸险，无一人敢应募。道增却认为，运粮之事，关系国防安危，故慨然应允。他组织族人，驾船前往，不顾生命危险，终于在无边无际的大海上打通运输给养通道，把军需及时运于岛上。岛上驻军统领感激万分，欲留道增做官，而被婉言谢绝。归途中，所经岛屿，他必绕近登临观测，成为熟悉这些岛屿登岛航路的好把式。

一年冬天，道增路过石城岛（属辽宁庄河县），守将池凤高屯千兵，而现粮一月不支。见道增至，垂泣乞求增援。道增应允后，回乡即组织族人和乡民，收集粮米装船。然而天气寒冷，海口结冰，道增乃弃故道，绕转海道抵屯。将士见粮，欢腾雀跃，千恩万谢。

明崇祯十三年（1640），“自春至秋无雨，禾稼焦枯，人相食”。福山县西北数十里，村落成墟，灾难延至次年。崇祯十四年（1641），道增携全家由河北村迁入古现村。村处交通要道，逃难的饥民连绵不断。道增搭棚赈粥，没有柴草，即拆屋上草木，救灾民于水火。当时牟城、次兴等六社百姓，欠税粮五百石，军中传檄催交，知县吴闻诗无法，找道增商议。道增即发动族人，如数借足上缴。此后知县欲向百姓征还，道增曰：“时事如此，安所得米？仍追比，先后均一死也，非某初心。”乃尽捐之。

有一年，古现一带发生瘟疫，死亡惨重，人们多逃离家乡，剩下的老弱病残只能等死。道增见状，心如刀绞。此时，他想起先祖曾留下两个秘方，其中之一是用观音柳蒸水治此疫，他立即采用此方为患者治疗，治好了多人。不久药店的药销完了，他就在自家地里种植，并且到外地购买，再免费分给众人，疫灾很快消除了。此后，他为了更好地为穷人治病，就学习祖医书，还到登州城去求教老中医。天长日久，他的医术大有长进，且治病不收钱，上门求医者络绎不绝。登州戚继光之后戚年患“粒喉痧”，被称为不治之症，无人能治。道增给戚年配制了汤药，加上秘方针灸，以“冰片粉”吹入喉咙，没多久就痊愈了，因而医名大震。他又以家传秘方，将地榆、刘寄奴研成粉，用麻油调敷，专治烫伤，效果极佳。又自己研制了治烂腿、治膨胀病、治蛇疹疮等疑难杂症药方，治愈了众多患者。

道增以颜氏家训严格律己，效训治家，教育后代，独树一帜。他从婴儿开始启蒙教育，尽早教其识字、背诵诗文，注意孩子的爱好，表扬其优点，指示学习的榜样和努力方向。他从不打骂训斥孩子，认为打骂孩子是无知无能的表现。按照他的教育方法，孩子们个个立志读书成才，尤以“忠孝”二字为遗命，代代相传，其后代中翰林、进士、举人、秀才层出不穷，成为文化名人村的创始人。

道增“生平内无匿情，外无讳事，见义必为，敦行不怠。无虑情事大小，每遭人侮陷，事白情见，而终不修怨，故里党取法焉”。他“忧国、忧民、善交、善教。其精神、其德望，已与凤凰山共存。巍巍然兮，绵绵远哉！”顺治十六年（1659），逝于家中，朝廷赠封为礼部儒官。康熙十八年（1679），乡里公举道增入乡贤祠，并撰联曰：读丘明之书，能知大义；抗仲连之志，不屑微名。所生六子皆朝廷命官。

王鹭（1612—1695），字相居，一字人岳，号几庵。进士，授户部主事，累官户部尚书。

王鹭幼年聪慧过人，16 岁应童子试，在道、府、县皆为第一。长大后，博览群书，并究心于经世致用。清顺治十一年（1654），应顺天府（今北京）乡试，考取第一百四十九名举人。次年，连捷全国会试，殿试二甲第四十九名，赐进士出身，以都察院观政改授户部主事。任职间，监督通州中南粮仓时，杜绝陋规，拿获“仓虫”王小槐、赵光德等，按律审办，积弊一清。后迁户部员外郎，又迁刑部郎中。刑部任职间，平反海州知州马中炬冤狱。康熙十九年（1680），擢升四川松威道。为官清廉，公私分明，跟随他的两个家童，所费皆取之于自家，不取公家和民间粒米束草。初到松威时，吴三桂余党尚未尽灭，朝廷分兵进剿永宁、建昌，进征云南。王鹭管运军粮，至蛤蟆滩覆舟，又坠马于狮子坎，几濒于死亡，但他仍按期到达，转运无误，既不扰民，又立军功。他在蜀为官五年间，恰值四川变乱初复，村无犬吠，市鲜行人，学宫倾废，水道淤塞。他为官勤政，竭尽全力改革时弊，疏通江水之利，且带头捐俸集资，修缮学宫，聘师讲学，培养人才，兴教化，励德行，逃荒百姓纷纷返回家乡安居乐业，一时松威地面出现繁荣局面，为百姓所拥戴。康熙二十六年（1687），京师修太和殿，工部令川省采运楠木、杉木各 4000 根，巡抚韩世琦上疏说明解运困难，得以减少，但仍需运 2600 余根。当时王鹭已离任，但觉得事关川民生计，毅然上疏，乞全部豁免，疏词恳切，康熙帝诏令停止采运，为川民解除一场艰苦劳役。川民欢欣鼓舞，以诗歌形式颂扬其事，绘鹭肖像，并置于有史以来有功于民的秦时李冰、汉代文翁与廉范、宋代张泳与崔与之等之列，称为“七公祠”，还特别撰写了《松威治绩纪略》，立碑刻以示纪念。王鹭抑制劣绅豪右，揭参贪官污吏，深得宣化百姓拥戴，将其祀于“四贤祠”，并建室于衙署西侧，内悬王骘画像，大门匾额题曰“王公讲堂”。

是年，授江西巡抚。在其赴任时，康熙帝按常例外，另赐其盘费银一千两，鞍马一匹。当时江西粮（田赋）政、漕（向北京运送粮米）政弊端甚多，官吏胥役随意增征，克扣和敲诈勒索，民深受其害而无可告诉。王骘到任后，力主剔除积弊，以纾民困，并将实施办法和所立规章上报朝廷，请立以为法，永远实行，务使其法不因其去任而废。

王骘在任期间，极力兴利除弊，设法减轻人民负担，为江西人民做了许多益事，已75岁高龄又升任闽浙总督。他以身作则，荐贤任能，一年多时间，下达了十几道告示，除弊惩劣。他大小事皆躬身明断，夜以继日办理清楚，直至累得双目昏花，双手腕糜烂，闽浙两省百姓皆称其为清廉总督。离任时，两省绅士、兵民、百姓列队数十里，填街塞巷，泣涕挽留不成，又为他进酒、脱靴相送，走后把他的绘像和政绩分别供奉在四川（成都）、河北（宣化）、浙江（金沙巷）等地。康熙二十八年（1689），康熙帝南巡时在无锡召见王骘，特赐予御用冠服及物品数宗，并御书“养素”匾额赐王骘，还御书苏东坡《古风》诗轴及自撰七言诗绫书一副赐王骘。

康熙三十二年（1693），王骘内任户部尚书，进京觐见，康熙帝见王骘下跪、起立敏捷如轻，笑道：“八十岁的老人尚能如此轻便，真可谓福德老翁矣。”王骘乞求致仕，康熙帝不允。

康熙三十三年（1694），王骘致仕归里。康熙三十四年（1695）卒于家中，葬于大海阳村南。

王溍（1667—1742），字征远，号溟波，岁贡。

王溍因屡试不第，授例谒选，后入国子监。清康熙五十二年（1713），选授云南省云龙州知州。该州（原有盐井八处）灶户除交纳官府规定税捐外，还要交纳许多名目繁多的杂税，致使灶户濒临倒闭，转谋他业。王溍见此况张贴布告，废除官税之外的各项盘剥，勒石立碑为证。此举得到康熙帝赞允。后以“才守第一”擢升为广西省太平府（今广西崇善县）知府。太平府是古南诏国极边缘之地，辖21个少数民族土司。其中思明州土司黄而芸聚集数千人与各土司相杀，剽劫行旅，杀害内地商贾，肆虐地方，不把官府放在眼里，连广西巡抚也惧怕他三分，王溍请缨前去擒拿。他先秘密派人前去侦探，掌握虚实。尔后，自己轻装单骑，以巡抚名义进入思明。黄而芸发现只是单枪匹马，便放下戒心，迎接王溍进城。王溍趁其不备，将其擒住。众党羽蠢蠢欲动，王溍厉声对他们晓以利害，并以官职作保，声称只捉拿黄一人，胁从者既往不咎。王澇将黄押回府衙，依法治罪。当地百姓无不焚香跪拜，欢呼雀跃。至此，思明州顺利推行“改土归流”政策，百姓安居乐业。

太平府所辖的龙英州土司赵雍城巧立名目，盘剥州民，百姓不堪其苦。王澇为民申冤，惩治赵罪。赵托人送之三千贿金，请求宽恕。符不动声色，收下赵转来的贿金。第二天，便召集官民于官衙大堂，当众拿出赵的三千贿金，为州民偿还了所欠赋税，并依法治赵之罪，州民大快。其他土司见其刚正不阿，执法如山，皆心悦诚服。至此，太平府令行禁止，真正成为太平之地。

雍正元年（1723），王澇遭受诬陷，被免去官职，返里务农。他离任时，太平学子、百姓、官绅数万人拦车不绝，相送十余里。

雍正六年（1728）春，授为四川成都知府。王澇到任后办案公平、公道，百姓称为“王青天”。不久，他又首倡开浚李冰故堰水道，为成都府地区灌溉农田。清雍正八年（1730），调京官补用，旋任京师署顺天府（今北京）知府，不久又擢升光禄寺卿、太常寺卿。是年，山东鲁西南地区遭旱灾，王澇令家人捐粮三千石，运往灾区赈灾，受到朝廷嘉奖。乾隆二年（1737），擢为大理寺卿。乾隆四年（1739），以68岁高龄乞请告老还乡。

王检（1707—1767），字思及，累官至湖广总督。

王检少年俊才，办事果敢，受其父王澇影响，发奋读书，且有过目不忘之誉。清雍正七年（1729），王检参加顺天府乡试，以第三名中举。雍正十一年（1733），参加会试，后参加殿试，并以二甲第五十五名考中进士，钦赐进士出身，入翰林院庶吉士。乾隆元年（1736），散馆大考一等，授编修。乾隆二年（1737），大考列四等，休致居家。

乾隆十三年（1748），检奉旨复职国史馆纂修。此年，授直隶河间府知府。在河间府任职期间，检体恤民情，处理积案，减轻百姓负担。检重视教育，上任第一件事就重建瀛洲书院，聘请名师，并亲自督学。为给百姓造福，检将历任知府用以出租的一顷二十亩“官地”分给一些贫民和无业者，时在官场独树一帜。

在任上，检经常化装成教书先生私访。一天，检到雄县一个村，见一老妇在村口啼哭，边哭边骂“秃驴”。检一听，知道骂的是和尚，感觉很奇怪，便到跟前询问。老妇见是书生，就央求帮写状子，检当即答应。老妇把昨夜雄山寺和尚抢走闺女的事告诉了检。检听罢，立即向雄山寺奔去。路过另一村，见一户人家门贴大红喜字，可全家人都在号啕大哭，一问才知，原来这家娶媳妇的花轿还没抬到门，就被雄山寺和尚抢去了。检又访问了几个村，民众都说雄山寺和尚欺男霸女，无恶不作。检决心除恶，便与同知商量对策，同知却说："雄山寺是乾隆帝母亲册封的皇家寺院，咱动不得，要动须有圣旨。"检虽有顾虑，却又不甘心，遂报皇帝定夺。乾隆帝接报亦很为难，就降旨给刘统勋处置。统勋知道检才智过人，定会恰当办好此事，遂令刑部代传谕旨："惊动惊动"雄山寺为恶的和尚。检接到"惊动"旨意，便有了惩治和尚的主意。第二天，检即带兵包围了雄山寺，逮住和尚，当场审讯，取得证据和口供，把为首的几个和尚埋进地里，把头露在地面，用牛拉犁将其头"耕动"，其余和尚各打几十大板，罚为苦役，然后上报朝廷。统勋得知，称道"甚好"。乾隆帝看后笑道："下不为例。"检被擢升为河道。

乾隆十六年（1751），乾隆帝南巡，检因政绩显著，得到荣崇，被召至随驾南巡。随之，又被擢升为甘肃凉庄道，旋又被调任直隶霸昌道台。在任期间，恰逢直隶发生蝗灾，检率领官员亲临重灾区，说服受灾百姓，引火剿灭蝗源。随后，又用减增粮税办法，补贴受灾民众，百姓无不感恩戴德。乾隆十八年（1753），调任通永河道总督。为治理河运，检广采老河工及历任同务官员的建议，抢在汛期前整治，仅用数月，便使河运畅通无阻，使南方漕粮如期运往京都，博得乾隆帝"才优守洁"之评价。乾隆二十四年（1759），调任长芦（今沧州）盐运使。检上任后，发现衙门官员的一切费用皆由盐商供给，立即予以废除。不久，检患病在身，一沈姓盐商便借机携重金来贿赂检，被检拒绝。众盐商闻检喜爱玉器，便假借与检交厚的朋友之名转贿玉器，同样被谢绝。在检治理下，转运司上下清廉，美誉远扬。是年，乾隆帝至热河，召见检，见其身瘦体弱，笑道："人家当盐运使，个个身宽体肥，而你却消瘦得如此！"旋即传旨，擢升检为安徽按察使。后因治理地方治安有方，又调任直隶按察使。乾隆二十八年（1763），检调任山西按察使。是年7月，检擢升为广西布政使，旋又调任甘肃布政使。时甘肃正遭旱灾，检亲临灾区，反复查对受灾人数，设立并委任临时管钱粮的官员，按受灾轻重，设立粥厂赈灾，同时，奏请朝廷对重灾区赈粥时间延长一至三个月不等，因而灾区无一人饿死。灾民感其政绩，便在布政司衙门里立"德政碑"颂扬他。翌年，检被擢升为湖北巡抚。湖北为"九省通衢"，然多年沿长江水匪出没无常，百姓深受其害。检到任后，成立水上治安队，沿江缉查，江治为之一新，到处夜不闭户。

乾隆三十年（1765），检擢升为湖广总督，同年又调任广东巡抚。广州地面历来崇尚奢侈，官场更是变本加厉。检上任后，下令严禁一切宴请。当地海盗防不胜防，检调查后发布公告：渔船和商船皆到官府登记立档，凡渔民捕鱼，由官府发给证件方能出海。同时，派官船巡视，保护来往船只，遏制海盗作乱。广东有置祭田习俗，家族间往往有为祭田而抢田械斗之事发生。检请求朝廷批准后，将全省祭田进行普查，统一丈量，加以限制，将多余祭田拿出来分给族中贫者耕种，杜绝了因祭田而械斗的事件发生。

检为官清廉，深得乾隆帝器重。乾隆帝南巡时召见他，问其家世后道："汝父子三人俱为翰林，一门多显官，皆能办事，可谓世臣矣。"乾隆三十二年（1767），检因病而逝。

王启绪 （1729—1781），字德圃，号绍衣。检长子，进士，累官至知府。

启绪幼承家学，天资聪颖，在县、府、院生员考试中取得廪生资格。清乾隆十五年（1750），赴省参加辛未科乡试，中第二百名举人。此年会试败北，返里发奋攻读。乾隆十六年（1751），再次赴京会试，中二甲第五十五名，赐进士出身。传胪之后，又入翰林院，朝考一等，脱颖而出，授翰林院庶吉士。在教习馆三年期满，散馆考试取得第一等好成绩，授翰林院编修。乾隆二十一年（1756），被授以乡试贵州主考官。启绪推贤进善，简拔士子多寒素，文章倡务实，使黔省群贤毕至。乡试结束，受到乾隆帝褒奖，擢云南道监察御史。任间，启绪察百官，巡郡县，纠刑狱，肃朝仪，尽职尽责；纠官邪，核章奏，一身正气，光风霁月。乾隆二十四年（1759），任已卯顺天府乡试内帘监试官。乾隆二十五年（1760），任武英殿监试官，署兵科给事中，巡视天津漕务等职。次年，因父时任湖广总督，遵回避例，改补户部四川司郎中，从四品。旋又被外放，先任河南开封知府，后任署开归陈许道。任河南知府时，"政尚简约，务持大体"。调开封兼署河道，时祥符（今开封县）黄河泛滥决口，启绪"身亲畚锸，不避劳险"，日夜守护在大堤上，率兵民几万众，一连数月，抢险不已。先在黑冈口大堤上，后又奋战于芝麻庄、张家油房堤段，终因劳累过度，猝死于黄河大堤上。朝廷念其忠于王事，鞠躬尽瘁，诰封为中宪大夫。

王燕绪 （1730—1800），号治堂，检次子。

清乾隆十二年（1747），17 岁即中第五十七名举人。翌年，会试不第。乾隆十九年

（1754），会试中正榜，授内阁中书、军机处章京。乾隆二十五年（1760），再次参加庚辰科会试，中式，殿试，中二甲第二名进士，总第五名。燕绪是福山有史以来殿试进士中成绩最高之人。朝考后，入选庶吉士，三年散馆朝考一等，授翰林院编修，旋又授日讲起居注官。乾隆二十七年（1762），出任陕西乡试副主考。其选拔士子，皆为真才实学者，受到乾隆帝褒奖。次年，又任癸未会试同考官、左春坊左中允教习、翰林院侍读以及文渊阁校理等职，从三品。

嘉庆元年（1796），获参加“千叟宴”之殊荣。逝世后，诰授中宪大夫，后又以子庆长贵晋封通议大夫，福建按察使衔封典，正三品官阶入葬。

王德瑛 （1774—1832），原名璠，字念池，一字莲墅，号玉堂。

德瑛少年聪颖，以品学兼优补博士弟子员，使福邑学子刮目相看。清嘉庆十二年（1807），33岁的德瑛赴丁卯科乡试，考取第六名举人。嘉庆十九年（1814），应甲戌科会试，高中三甲第四十名进士，授河南扶沟县知县。任满，迁往舞阳县任知县。舞阳县洪河穿境而过，常因河水泛滥而受灾。初任知县的德瑛，一年两遇水灾。为拯救灾民，他步行赴省说服巡抚开仓救灾，使得万余名灾民得以活命，并得上宪调剂万金带回，帮助灾民生产自救。为治理水患，造福百姓，他首倡捐献俸银，在县内集资治理洪河。他借鉴四川都江堰治水法，用高粱秸加竹子编成长笼筑槎。在此基础上，在洪河开凿水渠，筑起鱼嘴分水之堤，治理洪河开口，大获成功。同时，他还利用洪河在全县开凿水渠，实施农田灌溉，使舞阳境粮食连年丰收，百姓无不感恩戴德。

德瑛在舞阳任满，又迁安阳任知县。有一天，德瑛到林州镇巡视，时值盛夏，中暑倒于马背，被衙役们扶到树下。一老农手指近处甘泉可取水救命，看泉人要钱，连喝三小桶，花了几十两银子，实在贵得出奇。经德瑛查访，知是蒋忠仗着叔父为知府之势，强行霸占了白家的家院和甘泉井。白峰与妻被逼死，其子白溪9岁，被卖之异乡。白峰生前在院培育多种名贵花，又打出甘泉，任村民取之饮用。蒋忠霸占后，每年收入几千两银子。德瑛又查明井内有“白家井”刻石及邻里证据。德瑛正准备为民做主，恰逢开封府蒋知府抵安阳巡视，并告知家中尚有一侄蒋忠，“请王知县多关照，不过，若是干了坏事绝不姑息”。德瑛将民告蒋忠霸占白家家产事奏明。知府说：“只要有真凭实据，一定要严惩。”德瑛升堂，按程序审理，把白溪领到井旁，挖出“白家井”刻石，真相大白天下，知府哑口无言，拂袖而去。蒋忠受到严惩。白溪回到自家，拆去围墙，让村民自由饮用甘泉。文人将此事编剧、著书传扬后世。

《王氏家谱》载："官声为豫省第一，到处有颂碑。"德瑛在为其母守制期间，服阕前，拿出家蓄千金，按亲疏分散，并手持乡党本家借贷簿约，一把火将其焚毁，曰："留此据使后人索债，是以助之者窘之也"。

道光十一年（1831），德瑛出任河南乡试同考官，为豫省尽心尽力简拔人才。翌年，朝廷擢他从五品衔出任开封知县，他即刻打点行装赴任，不幸猝死于赴任途中。当他两个儿子扶柩返里时，当地百姓哭送四十余里，村民"迎以肩舆而行，近村哭声不绝于路"。故世后，朝廷因其以身殉职，诰封正五品奉直大夫。著述甚多，均载《艺文志》。

王兆琛（1786—1852），原名兆玺，字西舶，山西巡抚。诰授荣禄大夫、振威将军。

兆琛出身仕宦家庭。清嘉庆十一年（1806）中举，嘉庆二十二年（1817）中进士，入翰林院为庶吉士。学习二年，授翰林院编修。后任会试同考官、江南道监察御史。任内曾对河工人员多由地方佐杂改拨，奏请敕禁经吏部查明酌拨旧例；对选用官吏不及时之弊端提出了解决方略，由朝廷定为明确章法，永久实施。道光九年（1829），调任湖广道监察御史。任后，见城内街道向无修整经费，奏请库银3万两，发至五城典铺生息，每年以息之半用于修整街道，余者归还国库，使国家与地方同时受益。以后，又以同样生息办法增补练兵费用。同年四月，直隶总督奏请将不称职、不能胜任的知府改为京职，他即上疏提出不同看法，认为对不胜任和年力衰迈者，督抚应甄别降调使用，概不得请改京职。其奏章得到道光帝的肯定，称："所奏甚是"。

一日，兆琛在鄂州微服私访，在街上见一书生满脸怒气，嘟嘟囔囔，想其定有不平之事，便与之攀谈。此人名叫阿民，自幼刻苦读书，自学成才。因家境贫寒，只得流落乡间，以塾师养家糊口。到了年底，财主却借口孩子学无长进，并诬他误人子弟，而赖掉全年学俸。阿民气愤不过，告到县衙，但知县与财主有染，阿民一上堂即被一顿棍棒打出。兆琛带着阿民来到县衙，亮出身份，说明来意，差人唤知县陪审。随之将阿民和财主押上堂，兆琛问："鄂县生员阿民，学东家不愿给你师俸，莫非你真的不学无术，误了人家子弟？"阿民申辩道："学生虽然无知，但训蒙解惑，一年四季，尽心尽责，自信还能胜任，求大人给生员做主，予以明断。"兆琛笑道："你口说无凭，本官怎能轻信你一面之词？当着府县大人的面，咱当场一试如何？""请老爷出题！"

阿民应承下来。兆琛说："你是私塾先生，就以'塾师'为题。"阿民挥笔写了一副长联："伤心夜雨打西窗，点半盏残灯，替诸生改之乎者也；回首秋风旧梧院，剩一枝秃笔，为举家谋柴米油盐。"兆琛见他写得工整贴切，生动凄苦，不禁点头感叹，暗暗佩服，但又怕他借用了别人的佳句，便指堂前四方宫灯，又当堂出了个上联："半支蜡烛，点四方形宫灯，辉辉煌煌，光照东南西北。"阿民想到自己教书之苦，便当堂写出"几贯铜钱，教一整年私塾，辛辛苦苦，身度春夏秋冬。"兆琛见他答对如此迅速工整，深信其才，也就证明了财主纯系无赖，十分可恶。于是令差人重责二十大板，并罚他加倍偿付给阿民教俸，还责知县听参。当年秋，阿民因有了盘缠，到省府参加乡试，一举考中举人。

此后，兆琛历任江西督粮道、安徽宁池太广道、甘肃按察使、四川布政使等职。道光二十五年（1845），以捐输河工经费赏戴花翎。次年，擢升山西巡抚。道光二十八年（1848），萨拉齐厅遭水灾，洪洞、襄陵、定襄、陵川又遭旱、雹等灾，兆琛上本请求缓征本年钱粮，获准。道光二十九年（1849），遭御史杨彤如奏参有贪污款迹，上命户部、吏部查办，寻经褫职，遣戍新疆。

咸丰二年（1852），卒于新疆。死后，受特赏正一品封典建威将军，济里杭阿巴图鲁花翎提督衔记名总兵。

王祖源（1822—1886），原名伯濂，字莲塘，一字渊慈，又字莲史，号莲堂，拔贡，兆琛之子，懿荣之父。

祖源生于官宦人家，书香门第。自幼饱受家训，才高八斗，学富五车，嗜书如命，锲而不舍。清道光二十九年（1849），考取已酉科拔贡，候选教谕。清咸丰六年（1856），授兵部主事。咸丰十年（1860），奉旨到登州办团练，尽职尽责，擢升兵部员外郎。

同治十一年（1872），升任四川龙安府知府。龙安府是四川极贫困地区，祖源在这穷乡僻壤，安于清苦，他努力维护地方治安，设法帮助民众解贫，百姓安居乐业。

到任第二天，祖源即与前任交割清楚，然后便认真阅读前任积案。休息期间，他微服到龙安府大街，意外遇到一桩冤案。原来邻县一戚姓贡生与龙安许举人自幼交情笃厚，双方婚后曾指腹为婚，正当儿女长大成人准备完婚时，贡生与举人相继故去，戚家又遭火灾，家财烧得一干二净，其妻又一病不起，临终前嘱咐儿子将田地卖掉，投奔许家完婚。儿子携卖地产银二百两到了许家。许夫人见银眼开，当场收下。可是一打听，戚家已破产，便生赖婚之意，开始冷言冷语，继而白眼相讥，而且茶饭不齐，根本不提女儿婚事，终于将女儿又许给一家大财主。戚公子得知后，欲索银回乡，可许夫人不仅不还，反而唤来管家算账，说戚公子欠她十两银子，将其轰出门外。戚公子想：堂堂七尺男儿，何处无芳草，决心赤手空拳，回乡再创业。又一想，还是先到府衙鸣冤，慌忙中撞倒了知府。祖源一听此事非常气愤，便叫公子在门前等他，自己直进许家大门，径直到了后堂，见了老夫人即拱手行礼。老夫人不知客从何来，连忙答礼让坐奉茶。祖源说："老夫人，今有一事，特请帮忙。"老夫人见来人穿着体面，不知深浅，忙说："先生不必客气，需要什么只管道来。"祖源回道："我要借贵府的纸墨一用，写张告示贴到东门。宣示许家虽为书香门第，却欺贫赖婚，不还他人聘礼。我要让龙安城家喻户晓许家所为。"老夫人深知此事的利害，忙叫人捧出五十两银子。祖源接银子后又说："那好，东门我就不贴了，我到西门去贴。"老夫人本想再拿出五十两银子了事，可转念一想，又把脸一沉，唤家人欲将祖源用棍棒打出。刚要动手，只见两个衙役匆匆而进，见了知府便跪下："老爷外出，怎么不告知小人，衙门里都在找老爷，不想您在这里。"祖源冷笑道："吾在此审案哩！"老夫人一见，知是新任知府，吓瘫在地，忙叫下人拿出二百两银子。祖源又加罚五十两，将银子全部交给后生。戚公子千恩万谢，祖源嘱他回家好好读书，发愤图强，重振家业。祖源上任龙安府第一件案子的处置深得民心，即刻受到龙安人民的敬仰。

光绪五年（1879），祖源擢任四川成绵龙茂兵备道。两年后，又署四川按察使。任职期间，他清廉自律，认真执法，不徇私情，深受民众爱戴。光绪十一年（1885），致仕回京，次年病逝于京城寓所，葬于古现李家村北的两甲坡。

祖源一生酷爱金石，传承文化，为国为民呕心沥血。在任主事时，公务之余，流连于厂肆，见有称心者，必量力购置，妥善收藏，精心研究，并从道光末年开始，着手汇编、刊刻、收藏《天壤阁丛书》，直到其子懿荣接编，历时五十余年，收编二十余种，增刊六种，以小学、刑律、诗文评为主，收藏于福山"天壤阁"书楼，可惜被毁。

王崇烈（1870—1919），字汉辅，一字火传，举人，懿荣次子。

崇烈自幼聪颖好学，谨遵家训，学而不厌。清光绪十三年（1887），入泮食饩庠生。光绪二十年（1894），中甲午科顺天府乡试三十二名举人。光绪二十四年（1898），授例为直隶候补知州，供职永定河工，后经保荐为候选知府、候补道，分发直隶候缺，驻天津。

光绪二十六年（1900），崇烈遵从父命，携妻回故乡福山。懿荣殉国后，崇烈回京，遵从朝廷旨意，为父母和嫂子料理后事。刘鹗是父亲的好友，为了支持刘鹗编拓《铁云藏龟》一书，他将父亲收藏的千余片甲骨，半价转给刘鹗。同时，为了还债，他还将父亲收藏的青铜器卖给端方、翁同龢等人。在张之洞、袁世凯等官员的主持下，他在父亲殉难井边勒建一亭，并立御制祭文碑，由张之洞亲书：王文敏公家祠。是年春，他扶父母、嫂之灵柩，运回家乡，安葬于李家村两甲坡。崇烈逝后亦葬于此。

王桐观（1889—1927），字凤翔。

自幼勤奋好学，家贫苦读，每以无力购书，徒步裹粮，往返60里去县城书肆看书强记成诵。年十二入庠为晚清秀才。族中曰为神童，以“小秀才家”呼之。民初以优异成绩考入京师税务学堂。毕业后先后以各级帮办任职于北京海关总署、营口关、胶州关（青岛）、东海关（烟台）。后期在烟台关时已升为当时华人得以任职的最高级别帮办，为烟台海关早期高级骨干人士。

王桐观热爱祖国，时以民族复兴为己任，任职期间为早日收回国家主权，维护国家尊严与权益及反对不平等待遇等，不断与同事谋划并发起对洋人的不懈斗争。

为了响应实业救国，生前虽工资微薄，却仍不惜节衣缩食，捐献或投资于实业开发。曾在国外进口大量优质柞木树种子并于家乡购置荒山，无偿交由当地农民营造柞木林，以养殖柞蚕发展丝绸事业。又以躬身所历，深感教育之于国家兴衰，求知之于个人功业，百事莫之能代。平居手不释卷，求知若渴。是以博学广识，税务之外又精通英法两国文字，兼通中西医学，自勉之余更以奖携后进为己任。

1982年其长子学忠回家乡以“王桐观、于世桥”名义在古现中心小学设立教育基金，连续14年每年捐献1000美元，为家乡教育事业做出了贡献。

王韬（1866—1937），原名王延焘，号敬三、静珊。民国时期曾任北平市、天津市市长。叔父懿荣。

韬出身仕宦家庭，幼承家训，刻苦学习，立志成才，手不释卷，书灯相伴。步入仕途，为官廉达。民国初年，曾任直隶口北道尹。1935年任北平市市长。1936年任天津市市长。

任北平市市长时，市政府财政入不敷出，他宁肯向弟弟为蔚乞款补助，也不肯增加税捐，加重市民负担。1937年病故，享年70岁。

王为蔚 （1868—1938），原名延焕，字啸宇。

为蔚由候选县丞考入北洋陆军速成学堂，毕业后任陆军第三镇炮兵管带（清末新兵制，海军舰长称管带）。后又迁任绥远都统署军务课长，陆军第二混成旅参谋长、团长，陆军第二十四师步兵第四十七旅旅长，兼河南归德镇镇守使。

辛亥革命后，为蔚任皖鲁豫苏四省剿匪副司令，国民党陆军二十四师师长。1915 年 12 月袁世凯称帝，遭到国人讨伐。为蔚时任吴佩孚部讨贼联军第一军军长，率部讨袁。袁世凯在全国军民讨伐声中死去时，为蔚被任命为第三方面军军团长、讨袁联军副司令、陆军中将、将军府将军等职，晋授蔚威将军，晋二等文虎章，二等嘉禾章，颁奖五狮军刀。他爱国爱家乡，热心公益事业，曾向古现小学捐资银千元。

王崇焕 （1892—1953），字汉章，笔名娱堪、踽公。懿荣四子，出生于北京东安门锡拉胡同王府中。

清光绪二十六年（1900）懿荣殉国时，崇焕尚不满 9 岁，寄居姐夫吴重熹家读私塾。宣统二年（1910），考入天津铁路局当练习生、文书课课员。后到上海与叶楚伧在一起办《太平洋报》，不久加入南社，为早期南社和早期同盟会成员之一。南社为辛亥革命时期进步的文学团体，以文学宣扬资产阶级民主革命，反对清王朝的种族压迫和专制统治。辛亥革命后，崇焕进入直隶（今河北省）省教育厅任秘书，同时兼任烟酒公卖局秘书工作，后又到京奉铁路警察教练所担任教学。工作之余，致力于文史资料辑录和编纂工作，保存并收藏父亲懿荣遗留下的甲骨文片 500 余片。新中国成立后，崇焕之女福重代哥福埏全部捐献给国家收藏。新中国成立后，崇焕曾任天津铁路学校校长。1951 年退休，1953 年病逝，享年 61 岁。

崇焕一生著作甚丰。早年在南社从事文学创作活动，创作了许多诗文作品。晚年从事甲骨文研究与文史研究，著有《甲骨文存》《古董录》《澹归大师年谱》《刘继庄年谱初稿》《纪晓岚年谱》《王文敏公年谱》《盛意园先生年谱》《福山王氏劫印谱》《王文敏公墨迹手札》《王文敏公奏疏稿》《王文敏公遗集》等。

王基仁 （1921—1983），中共党员。

王基仁 1942 年加入中国共产党，为福山县古现区加入中国共产党最早的党员之一。他曾组织抗日救国民兵宣传队，发动抗日救亡运动。1947 年，任八角完小校长。青岛解放后，被福山县党委组织派往青岛，为青岛市接管委员会成员之一。1950 年，任青岛沧口区文教局长，后任青岛 32 中校长。1958 年，任青岛茂腔剧团团长，编写剧本《三帅升帐》，并发表在《戏剧》刊物上。“文化大革命”中受到迫害。1981年落实政策得以平反，任青岛22中校长并担任青岛市沧口区宣传部长。1981年离休，1983年逝世。

李文轩 （1901—1985），中共党员。

李文轩是古现村早期农民抗日救国会领导成员之一。1948年，土地改革以后，农民们开始在自己的土地上积极发展生产。如何提高粮食产量，才能使刚刚翻身得到土地的农民吃饱饭，是当时农村急需解决的问题。作为共产党员，李文轩决心带头做个样子。他想，庄稼是枝花，全靠肥当家，要想多产粮食，首先从积肥着手。之后，他除了每天坚持走街串巷拾粪外（当时农村猪、鸡都习惯散养），还利用自家门前是集市的有利条件，在街上多个角落摆上大缸和尿桶（简易便所），把收集起来的粪尿加水搅拌后，于冬前浇在麦田里给小麦追肥。把拾来的粪便加泥土沤成土杂肥，用在播种前做基肥。小麦品种也换成了优良品种扁穗麦。由于精耕细作，他种的小麦亩产突破500斤，比其他农户增产1倍多，这么高的产量，破了当时全县纪录，在全省也数一数二。为此县、乡政府组织各村学习推广他的经验，在全县掀起积攒农家肥全力奔高产的生产热潮。1950年，李文轩被评选为山东省劳动模范。

1951年2月，李文轩光荣出席山东省工农兵劳动模范代表大会，山东省人民政府奖励他人推畜拉式水车一台，手摇玉米脱粒机一台。

1959—1966年李文轩担任村党支部委员，继续为建设社会主义新农村勤奋工作。1985年病逝。

于维祥 （1924—1994），中共党员。

1946年在东北参加中国人民解放军。曾任中国人民志愿军某部供给排排长，参加过东北、华中、海南解放战争和抗美援朝。1947年加入中国共产党。1958年抗美援朝回国，授中国人民解放军少尉军衔。转业后，志愿回乡务农。1958年6月参加福山县煤气司机培训班学习。1959年任村民兵连长。1966年8月至1975年6月任村党支部书记。1975年7月至1978年10月任村党支部副书记。1984年福山县委组织部为其颁发农村基层干部退休证，享受退休待遇。

在任村党支部书记期间，他带领村民排除“文化大革命”的干扰，坚持“以粮为纲”，全面发展，大搞农田水利基本建设，大力发展农业生产。他廉洁奉公，以身作则，埋头苦干，一心扑在工作上。在整修大寨田和水利基本建设中，他不但与支部一班人马规划工程蓝图，并且身体力行奋战在一线，与群众一起挥洒汗水，起到了模范带头作用。在任职期间，他与支部成员团结合作，当好班长，强化领导，使党支部成为坚强的战斗堡垒，得到广大群众的衷心拥护，多次受到上级党委的表彰。在他和党支部的领导下，村里自办发电，开办磨坊、粉坊、绣花厂、纸袋厂，机械维修部，建筑施工队，海水养殖等工副业生产，增加了集体收入，盖起了当时古现公社第一个礼堂，购进了第一台汽车和重型拖拉机，为集体经济的发展奠定了坚实的基础。村民兵连、共青团、科技队、文宣队等群众组织连年被评为省、地、县、乡先进单位，他本人被选为古现公社党委委员。

王福重（1921—2004），懿荣嫡孙女，崇焕长女。中共党员，大学文化，副教授，国家特级教师，全国政协委员。

1931 年，考入天津圣功小学。1933 年，越级考入圣功女子中学。1940 年，考入燕京大学研究生院，后因家庭困难，退学回到天津圣功女中任教员。1954 年，任该校教导主任，1956 年，任副校长。1978 年，被评为国家特级教师。1984 年，调天津教育学院。1998 年被评为副教授。1996 年退休。2004 年 4 月，病逝于天津。

福重自幼聪颖过人，为同龄女孩之佼佼者。因家境拮据，两个哥哥上学，她只能在家由母亲教授识字、书法等基础课程。11 岁时，考入天津圣功小学四年级，暑假后又跳了一级。她品学兼优，德智体全面发展，学习成绩总是名列前茅，体育曾为全校十项全能冠军，年年获得奖学金，被誉为才女。

1948 年 4 月，福重与薛恩钰结婚，时公婆均年过花甲，丈夫姊妹五人，兄弟三人，她与家人关系和谐融洽，与婆婆一起生活了 30 余年，关系情同母女。不仅如此，福重还和一直未嫁、常年患病的大姑姐一起生活了 50 年，相敬相爱，关怀备至。

1962 年，尽管家境贫困，福重却将祖父懿荣收藏保存的 500 余片甲骨，全部无偿捐献给国家。

福重从教 50 年，刻苦钻研业务，关心学生成长，改进教学方法，创造了王氏独特风格的教育理论，成为当地最受尊敬的名师之一。

中共十一届三中全会后，福重光荣地加入了中国共产党，《天津日报》以头条新闻予以介绍其事迹。她多次被评为“三八红旗手”“先进工作者”“模范教师”“市（省）级劳动模范”“全国劳动模范”。

自 20 世纪 50 年代起，福重一直担任区人大代表、人大常委、市（省）政协委员、常委、全国政协委员、民进中央委员。在担任全国政协委员 20 余年里，共写出提案 400

余件，充分反映了人民群众的意见和热点问题。同时，为支持家乡福山建设王懿荣纪念馆，捐献先祖遗物甲骨文片，为家乡文化事业建设做出了极大贡献。

王学忠 （1919—2010），博士，教授，旅居美国。桐观长子。

学忠生于书香门第，名门望族，身为长子，又聪明活泼，深得父母厚爱。3 岁即识字，6 岁读书，秉承家训，以求学济世为己任，以严父慈母教诲为动力，以先辈懿荣为榜样，努力读书成才。8 岁时父亲去世，母亲艰苦抚养两儿四女，尽管生活拮据，还是送子到烟台上小学，1935 年送北京汇文中学读书。在校时，他曾参加学生运动，抗议蒋介石不抵抗日军侵略，头部被宪兵击伤。翌年，京城沦陷，去上海，1939 年在李先岳的资助下，考入上海圣约翰大学，1943 年毕业。29 岁时，获美国纽约哥伦比亚大学奖学金，在该校获经济学博士和工商管理硕士双学位。1950 年朝鲜战争爆发，经济断绝，他半工半读，常到饭店当大厨，自己挣钱解决学费所需。毕业后，受聘于美国田纳西州大学 7 年，转聘于南加州大学，最后被加州州立大学聘为终身教授。在任教期间，曾获 FULLBRICHT 奖金。他曾到香港大学讲学一年，也到过北京工业大学、山东经济学院、湖南大学进行暑假讲学。在舌耕之余，笔耕不辍，著述颇丰，并赠福山区史志办存，并被聘为顾问。他热心公益事业，为福山教育和史志办捐款 2000 美元，并于 1994 年，在古现完小设立以父母命名的“王桐观于世桥教育基金会”，至 2004 年共捐助 1 万美元，奖励刻苦学习、品学兼优的学子和勤恳育人的优秀教师，奖励教师 418 人次，学生 1296 人次，资助特困生 74 人次。2010 年 10 月 9 日，王学忠最后一次回故乡。他决定拿出在美国加州的一座别墅资产，把夫人应得的一半，除给四个子女作为纪念外，剩余部分捐给夫人家乡学校，作为奖学金；自己的一半加上自己的储蓄捐给古现东村“王桐观于世桥教育基金会”。12 月 2 日回到美国后，患急性败血症，治疗无效，于 2011 年 1 月 18 日逝世，因而其捐献计划未果。

王懿荣广场

艺文　杂记

古现东村文化昌盛，孕育出一代又一代饱学之士。尤其在清朝，涌现出一大批进士举人，他们不仅驰骋于宦海，也活跃在文坛。文学创作才华横溢，诗词歌赋无所不及，议疏砭颂不拘一格，书文戏画各领风骚。他们的很多作品为后世称颂，广为流传。

◉ 诗歌

清代是村人诗歌创作的繁盛期，主要是王氏家族文人之作，流传下来的作品以王懿荣最多，王保训次之。内容以咏物、赠别、寄情抒怀为主。

苦雪

〔清〕王鹭

奔奏冰曹序七迁，归家雪甚压村烟。
丁丁伐去山山色，贸贸蒙来处处年。
大厦千间思肯构，横流一筏顾谁编？
西轩伏枕追先德，愁煞春深听朴鞭。

甲戌除日扶病谒乡贤祠

〔清〕王鹭

八十零一岁，邀恩还旧寓。
出也曾寤欢，归哉亦啸歌。

劳劳五省间，念如苍生何？
谁执太常旗？征功书不磨。
国尔民亦尔，自欺鬼责苛。
大都势与利，豪杰争贪多。
我性天制之，不须费琢磨。
故此四十年，寸步无蹉跎。
人各有肺肠，何可告于他？
忠孝两遗言，铭刻在风波。
善恶迟速报，造物宁终讹。
力疾谒乡祠，祖父列贤科。
子子又孙孙，稽首共婆娑。
得正斯已矣，就毙不求瘥。

游磁山晚归

〔清〕王检

郊原廖穴又秋风，禾黍高低野径通。
履齿踏残归去晚，青山白发夕阳中。

牟子国城怀古

〔清〕王槭

无限苍茫旧感生，高低禾黍见牟城。
曾传庭实随郕葛，岂有瑶编纪世名？
一代市朝荒夜雨，千秋陵寝佐春耕。
扬尘不信麻姑语，又听寒潮向晚声。

游芝阳洞

〔清〕王积熙

劳生疲登降，何处栖息好？
胜地指芝阳，遥遵一径小。

既至俨堂隍，豁达展游眺。
西偏殿宇阴，石壁净如扫。
天匠挥巨刃，洞穴辟深窈。
老干盘崖垠，龙拿白云表。
传闻寓仙灵，白日升清昊。
我欲寻遗迹，树隐风袅袅。
他年谢尘块，或可拾瑶草。

观海市用昌黎陆浑山火韵

〔清〕王燕绪

大气阖辟蒸浑浑，天东若木输灵源。
嘘噏裨瀛恣横吞，万境霮昱来凭轩。
阴冰皑皑阴火燔，广怪幽谲难穷原。
绝界奥府承与坤，架来潜壑空无垠。
金城乍立萦缭垣，广路倏披开通门。
晃朗日观招羲暾，深林蓊郁宜猱猿。
周池漭瀁容蛟鼋，舞为孤鸲翔双鹍。
飞黄朱鬣腾且奔，嶒峻峰崿参卑尊。
高得太阁平郊原，千蕊万萼吐秾繁。
悬瀑影非惊涛喧，以水济水如鸣埙。
惚恍豹戟扬华幡，金鳞曜日包衣裈。
珠睛鲛客规黑臀，跷容狡疾扶丹辕。
巨刃摩雪装兜鞬，或凭楼橹巢辀轓。
龙绡凤缬垂旗袢，玉帛焚燎具羞膰。
跄济错沓前后屯，方壶若斝汉若盆。
光华散合奉豆罇，揖让不闻笑共言。
素霞裂帛随飚翻，琼軿上下交迴反。
元鬌画蛾流清暖，碧宇浩浩排云根。
金支仿佛降天孙，须臾勿失肘与跟。

乍愕乍喜何嫌恩？荡空合漠归厥元。
坤区阔绝无系援，细寻诡特符前论。
掣曳余蔼浮庭阍，九点浮濡无烟痕。
思之不获劳神魂，伐蛟取蜃哀其冤。
奇幻亦属功所存，讙譊众目忘朝飧。
天吴海若疑婚姻，鱼龙曼衍皆遗昆。
天门蝃霓矜跳践，呵嘘万族交腾骞。
鸟雀一过多愁怨，戢翼弗下避鲸鲲。
远者阆风高昆仑，烛龙能易朝与昏。
水不可濡火不焚，一登一涉辞嚣烦，凌绝澒洞当行扪。

四月七日同古现诸叔游奇泉

〔清〕王余英

小径通山寺，寻芳取径歧。
余香留气味，半老见风姿。
墙短飞红雨，阴浓间柳丝。
缘何低首过，恐触落花枝。

十里铺道傍红白莲花

〔清〕王余英

一

翠盖红裳斗晚霞，仙姿岂合委泥沙？
从来好色无真赏，冷落瑶池第一花。

二

冷艳幽香最可人，婷婷玉骨不占尘。
素心哪惯趋炎热，谢绝秾华野水滨。

栖霞虎窠道上

〔清〕王善圻

策马上高峰，漠漠松涛布。

幽鸟何绵蛮，山花杂红素。

日午不逢人，樵歌起深树。

云峰晚秀

〔清〕王善宝

岚光滴翠叠重重，楼外斜阳色更浓。

依日青山多不识，暮云添得两三峰。

游磁山

〔清〕王保训

六年不见山灵面，今日来游特地青。

汉畤白云何处去？秦时流水几时停？

高凌绝顶天风紧，倦倚平台海气腥。

茗饮迟迟归兴好，野花红煞夕阳亭。

四鼓起赴丽阳

〔清〕王余莒

月色明如昼，江流静不波。

人行颓岸仄，犬吠小村多。

不觉寒增剧，偏怜睡有魔。

偿他路途债，吾意恨蹉跎。

铁门旅次逢韩友得家音

〔清〕王文炯

试险经秦蜀，思亲意未穷。

青灯茅店里，白发梦魂中。

肠断天边月，音稀塞上鸿。
春晖何处是？寸草恨飘蓬。

在兖州府学署赠白海五侄

〔清〕王余萃

王济不曾谓叔痴，还如杜牧识阿宜。
凭将国子传经手，演出诗人祝寿词。
计拙自安寒士素，兴高犹似少年时。
灯前白发欣相对，一慰廿年久别离。

秋燕

〔清〕王伯寅

飞飞燕子引江干，莫作杜陵秋兴看。
采线曾谁系故垒？乌衣转若怯新寒。
朝烟暮霭迷金屋，苦雨凄风上画栏。
依恋梁园如有约，杏林先与贺春官。

清阳人

〔清〕王丙焘

浩浩中流下水船，
祝圣山外柳含烟。
望福人去知多少，
回首城头月正圆。

题晋永和六年王氏砖砚匣兼论书脉

〔清〕王懿荣

唐人伪造二王帖，合入昭陵一家收。
请认此砖分体字，山阴哪得行书留？

砖比兰亭早二年，王家姓字篆文坚。
八分总有几分在，不似宋摹皕三笺。

汉永和同晋永和，细看波磔自殊科。
神君碑末燕元玺，先后分明字未磨。

北碑南帖苦分明，长笑仪真手眼生。
试出上元众梁阕，还参齐魏一持平。

草篆犹偕草隶存，迥然行草各分门。
周铭汉志寻常见，莫厕过庭一例论。

即事偶感

〔清〕王懿荣

重裘犹怯晓衣单，殿馆新晴雪未干。
漫说玉堂天上似，从来高处不胜寒。
庭院沉沉二月时，猩红簇上海棠枝。
晨光明似清洋水，不管春寒且觅诗。
碧桃花下清明节，底事家书惯不来。
昨梦乘风破浪去，满山灯火是烟台。
梨花一树垂垂白，才见游蜂尽日忙。
雪鬓霜髭四十七，安排笔砚试明光。

船中静坐有感

〔清〕王懿荣

百不如人两鬓华，长安居久若为家。
可怜一病成秋境，满耳蝉声满眼花。

举第四子崇焕

〔清〕王懿荣

京曹岁月太匆匆，二十八年一梦中。
但愿此儿能长大，半耕半读作村翁。

长夏感怀口占呈松溪三兄

〔清〕王懿荣

全家蜀府逾三载，独历京曹自五秋。
每使人看作冯妇，不堪妻病是黔娄。
典衣还惹群书债，折券时蒙小贾羞。
如此壮年如此度，争令二老见穷愁。

偶感

〔清〕王懿荣

岂有雄心辄请缨，念家山破自魂惊。
归来整旅虾夷散，午夜犹闻匣剑鸣。

◉ 散文

请停止解运楠木疏

〔清〕王骘

谨奏：为殿工之需材甚殷，采运之民力实寡，谨陈见闻，仰祈睿鉴，以免贻误以安残蜀事。该臣按察康熙二十四年七月初一工部议复四川巡抚韩世琦题报采运楠杉捐输银两数目，并称全蜀户口寡少，夫匠等项请派附近之陕西、湖广等省份协帮一疏，奉旨：四川人民稀少，且屡经兵火，困苦已极，采办楠杉等木甚属艰难，起运又派别省民夫络绎解送，必致大累小民。今各省所报起解木植数目曾否足用，着查明确议具奏。见报之日，全蜀臣民莫不感泣嵩呼，咸颂我皇上明见万里之外于蜀省锋镝，残黎疮痍未起，复庆更生有路也。后经部议：各省应解杉木足用，将四川应用杉木四千零五十六根免解，所有各省应解楠木不敷梁柱等项，于四川所报需用楠木四千五百零三根内扣除免运，共一千八百余根，仍令运送两千六百六十三根。奉旨：依议钦遵在案。是四川应运楠杉二木邀恩已免十分之七矣。

建造太和殿，近系万国之观瞻，远系圣子神孙亿万年之基业。采运木料，臣下职分。子来共在民心，艰难岂忍置喙？但事遇艰难，有勉强竭力而后可为者，亦有勉强竭力而终不能为者。臣一介书生，忝任分巡道员，在蜀五载，略有见闻。今当代觐，敢避斧锧，不以入告，上负皇上视民如伤之念，下负臣子事君尽忠之义？所有蜀土山川险易之势，蜀民转运艰苦之情，敢为圣明陈之。

盖四川环山，巉岩亏蔽，惟成都府境左右稍称平衍，所产并无大楠。臣曾出勘产杉处所，如沙坪、灌口、贾家山、何家山等处，具属峻岭悬岩，运路自山抵江，或百余里，或七八十里，所经由者均属深涧幽壑。一溪之行纡折几盘，必费多力而始转一石之塞，横互长川必待暴水而始过，较他冈阜窘逾千倍，此臣之所见也。至若遵义、马湖等府之楠木大材，尤俱产诸高山穷谷老箐密林之中，非独人迹不到，即鸟道亦稀。前抚臣杭爱登山督察时，遥望一木所在，必纤拽始至其地，足胝履穿，攀藤骨战，侧身亦苦难立，砍伐何以施工？臣尝细访舆论，皆谓今存大楠，因其斧斤难施，所以在山长年。至于运道崎岖，罄竹莫尽。其尤甚者，如遵义府属内之落水孔、猪孔、细鳞硐、麀子峡曲折之字拐弯，天生桥、三筒硐、葫芦硐水从硐中流出，又下鱼硐，须搭天桥，长三百六十余丈等语，马湖属内则有高硐、赤岩、黑岩、偏脚板、鬼溪、猪阔岩、吊藤岩、九溪、三渡水等处，峭壁干沟，乱石壅塞，虽山水高过十丈，旋长旋涸，非神术不能济运等语，此臣之所闻也。即以参考古法采取，必须找厢搭架，拽运必须垫低就高，辗转上下，木在溪涧，利于泛涨，木在山陆，又以泛涨为累。故陆运必于春冬，水运必于夏秋。忽水忽陆，非可一直而行，计日而至，其大概然也。

臣伏读：采办楠杉等木甚属艰难之旨，固已蚤悉圣聪矣。如使民力稍可足用，竭力所当勉图。顾四川幅员极广，祸变极惨，满目只有荒烟，百里竟无半灶。当进兵运粮时，疲病死亡，郑图难绘。臣伏读：四川人民稀少，且屡经兵火，困苦已极之旨，又已蚤悉圣聪矣。幸托天威荡平，数年以来，老弱安生，创痍渐起。但以通省之户口总计之，仍不过一万八千九十余丁，是合全蜀数千里内之人民不及他省一县之众。就中抽发五千入山采办楠木，其供送衣粮器具者势不可少，又将盈千累百。且此遣发民夫星散郡邑，远者千里，近者数百里，耕作必致全废，国赋凭谁办供？且盘山度岭，有堕岩坠谷之威，露处风餐，有虎豹豺狼之恐，种种情状不能殚述。抑且，蜀风鹤之后，民情惯听讹传。前当察木时，工犹未动，闻风思逃，携妻挈子，抛弃家室。若实在动工用夫之际，岂不远而他徙，近而走险乎？其采运之艰难如此，人民之稀少如此，而民情之摇惑又如此。四川楠杉虽已减运十分之七，而所应运之大木二千六百六十三根，断不能如他省之解运者可以按数按期也。

殿工不容久稽，迨川运不到致误，官吏之罪责无辞，残黎之疾苦何堪？恐于皇上保赤之心有未符也。臣愚合无，请敕四川抚臣姚缔虞亲诣产楠处所察勘，应运楠木有设法竭力而可以砍运者共若干株，有虽设法竭力而必不能砍运者共若干株，其必不能砍运者题请定夺，其可以砍运者星速探取趱运，俾百姓晓然共知。惟视其力之所犹可为，而非强以力之所必不能为，各安本业，踊跃从事，不致狂惑窜匿，庶残疆孑遗顶戴皇上如天好生之德，同覆载以无疆，而工料亦见实效矣。臣已蒙恩陞任口北道，参议运楠事宜，非臣执掌。但臣任蜀已久，熟悉情形，仰体皇上爱养小民，轸念残疆至意，敢就在蜀所见所闻，披沥实陈事属，条陈运楠事宜，字多逾格，贴黄难尽。如果刍荛可采，伏乞睿鉴全览施行。

腄城辨

〔清〕王积熙

汉东莱郡县有曰腄曰牟平。腄为今之福山，牟平即今宁海州。牟平至今始易今名。腄建于西汉，废于东汉，旧址已无可考。郑夹漈曰："禹贡九州皆以山川定其疆界，九州有时而易，山川千古不易。"至哉言乎！考汉《地理志》腄注有之罘山，《郊祀志》汉武帝祀之罘于腄，《纲目》之罘在东莱腄县，《一统志》曰即今福山县，载籍流传，彰彰可考。《续府志》曰腄城在宁海州东三十里，尚容参考。当始皇之游海上也，曰东过黄腄，其伐匈奴也，曰飞刍挽粟起于黄腄。《十二州志》曰牟平即古腄县。是自黄以东为黄，为腄，并无他县，秦之建置然也。至汉置东莱郡，县判牟城与腄而二之。牟平之西为腄县地，腄县之东为牟平地，不待言矣。向疑福邑应有汉腄旧址，以《纲目》《一统志》而言，福山县治即是汉之腄城，已无可疑。《府志》所云在州东三十里者，应系秦齐郡之腄，而非汉东莱郡之腄也。不然，与昔之掌故、今之形势皆相矛盾矣。

移建阴主庙记

〔清〕王鹭

祀阴主次居八神之四。史《封禅书》曰："八神将自古而有之。"又曰："或自太公以来作之，大都其起时荒远矣。”八祠俱在齐，阴主则祀三山。师古注谓海内三神山，殊不经。汉《地理志》三山在曲成县，隶东莱郡。曲成久废。登郡志载，其地即今招远县也。招远邻莱，今莱郡北入海数十里，有三山岛，或其地云。其地距福既二百里而遥，即史汉所纪诸祀，初无所谓磁山者，则阴主祀福之磁山非古。或谓秦始皇东祀改置于此，近是。曰阳曰阴，八神之祀福邑，遂有其二。每岁具少牢，以春三月三日祀之罘，在邑东；至秋七月七日祀磁山，在邑西。春阳秋阴，东生西成，厥义固有取也。旧祠置磁之东小山背之坳，斗塞于磁之表里，无所控纵其址，复隘溪涧水涨发，冲蚀其下，庙貌易颓。明之季，岁频饥，里社不自给，牢莫具，先大夫为之代备历十余年。后祠益圮，塑像经霖潦成涂泥，致祭者登顿崎岖，陈牲物于瓦砾、枳棘间，草草耳矣。

国朝顺治六年己丑春，先大夫诏余曰："祀典有其举之，不可废也。阳主祠吾往以舟，泊其岛，修葺之。今阴主祠圮，此虽有土者之事，吾家居近，亦即吾事也。顾有说神所栖必山水佳胜处。旧址隘，且受水害。磁之北陲有马山者，为吾别墅地，相其峰峦秀峙，溪水前潆；北面石埠揖对，有观瞻。又，昔所树松已多拱抱，挺挺谡谡，精灵其式，凭乎可移置焉。汝其告之官。"时三韩李公讳腾龙为邑宰，余以告。公曰："可。"

夏四月，先大夫具香祝，率余昭告神以迁意，乃规划马山之阴。计正殿、两庑、戟门若干间，遂庀材鸠工，不烦他人一钱。先建正殿，循旧制塑像，克期告成。

秋七月，李公即其新阡，以致祭焉。

福之为邑，磁山发乎艾，作高于西南；之罘终乎碁，纳气于东北，两山相雄长也。阳主祠故置之罘西南麓，阴主祠今置磁山东北麓，两祠又相顾望。岩崿竟爽，海水泱泱，濛澒澎湃其前后，览者称善。其庑若门材已治，将次第就，而先大夫遽去世，此余小子之责也。夫谨原其移建之由而为记。

亦南园记

〔清〕王鹭

夫子就舍堂南向，其前隙地六七尺许，杂植菜蔬花卉数种，名曰南园。盖近戏，似欲凌金谷平原，以寄傲焉。予寓柏树胡同，其房亦南向，左耳室前，亦有隙地，广狭如之。原存榆树、丁香各一株。予添植石榴树二株，就地杂植野花草数种。外设罗汉松二盆，木本茉莉三盆，建兰二盆，金银鱼一缸，萍藻半覆其上，遂效颦曰："亦南园"。非敢学傲也，情景适偶同耳。庚午七月十一日巳牌，予退食，闲步阶除间。见天清云卷，树荫扶疏，晴光透露，缸水清澈，如经霜后者然。而萍藻翠浮，鱼游甚乐，且茉莉盛开，兰馨馥郁，微风携以迎面扑鼻。院落乎？丘壑乎？予遭惨异，柴骨蓬心，殆无生人意味。当斯时也，忽忘形内之桎梏，不知门外之尘嚣，淡淡悠悠，一返吾少壮时书斋静观之气象也矣。

口吟绝句寄文字云："今日磋成一恨人，乾坤何处有清真？谁知到我秋光意，太古深山片刻亲。"

《解氏家谱》序

〔清〕王德瑛

解地属晋。相传，唐叔虞子良食采于解，因以为氏。春秋时，有解狐，其苗裔也。后迄晋代，有叔谦者，求丁公滕渍治母之病，以纯孝称。唐有解忠鲠著《兵图》二卷。宋有解晖从太宗征淮南，累战有功，时称骁将。忠鲠不详其里居，叔谦则雁门人，晖则临洛人也，地皆去太原近。吾登郡解姓甚繁，顾不传其本末，其自晋而徙于齐者耶？解族多务农力穑，或列黉序，或仕营卫，散居于蓬福之间。解君青运虑其久而泯忘，以其十代下可考者，连缀叙汇为一谱，乃属余为之序，因为叙唐宋前知名士，使解氏子孙庶几有所观感焉。其在家，则读书学农，上进叔谦之孝；其筮仕，则为国忘家，无愧忠鲠与晖也之忠。是余之望也夫！是余之望也夫！

再叙诗一首：

丕作善基绍世传，居然尚友子心乾。君嘉乃德云开日，汝秉廷常甲锡年。孔道维修邦本树，成章可式福林延。敬培祖肇光生第，宗嗣克昌万代绵。

道光丙戌六年

谨按：院下解氏五世祖天福（登州籍）娶王道增五子序之女为妻，故修谱请王德瑛作序。

天壤阁杂记

〔清〕王懿荣

庚辰十二月到家，得同县鹿氏宋拓《太清楼书谱》，翁大年署专，僧达受六舟藏本。鹿丈名泽长，曾官宁绍台道，当是得于南中者。故后，家道凋零，藏书不少，不知售于何许，中必有旧本也。近年烟台海口估舟如织，故家余物多从此去。

闻鹿氏有瓦当及彝器，未知何物。鹿在道光间，亦曾官陕西。得宋赣州本大字《文选》六臣注残本七十叶于蓬莱县城太和银楼。银估好聚旧书，索重值，凡旧版必收之。此刻阙笔谨严。“天禄琳琅”所称，流传者少，惜止此数十叶，已装粗册。此本支六房莲墅先伯家物。伯好收书，兼好刻书，刻有今古文各家注《孝经》十二种。讳德瑛，嘉庆甲戌进士，官河南安阳令。当时所拓《西门豹碑》较今本多十余字。有牟丈陌人校本书，又传有文天祥手批《十七史》。群众乱后零落，遗书多售于烟台富商及山东候补官。

又得六臣注本《文选》，行款却与宋淳熙尤本同。缺卷甚多，皆明翻之一耳。得明刻《苏文忠全集》，亦残缺数卷，皆乱后所致。此为本房先诒堂侍讲公藏书。苏集内有黄签，言某字胜今本，有“臣等谨按”字样，当出自上方。此本房之第四房也，当年收藏书画甚富，直售至乱前，计五六十年始竭，亦不知当年有何物事。多为黄县及烟台富商收去，以其锦函牙签，插架观美。

祠灶后到府城，大雪，仅住二日，尚未登蓬莱阁。此次为生平第一次入郡，仍未登临。见张允勳所藏本县境郭东村所出甗、汉琴亭侯国刻石、书画、砖瓦，多而且精，不及细数，却无一本旧书。近年蓬、黄、福三县所出之古砖，大约西归黄县王穆庵、丁彝斋，北归蓬莱张允勳，东南则为烟台之官、商取去。挖者孙姓，贩者黄县王秀才。莱、掖以东之物，寿丈万不能得也。招远黄里沙曾出一大瓦当，文曰“曲城之宫”，字甚晰，末一字不识，黄县丁氏得之。

掖与黄之间有朱桥村，常出古物，印多逢姓、战姓。黄县有战君博，穆庵得之。允勳砖以“日主五官之堂”及“上大夫”两砖为最。

先是十一月间，在直隶道上过盐山之王墅镇，得天保造像残石一。过沧州之五龙堂，见造像卧地，有字无年月，并断碑皆甚巨，类唐刻。

在村中度岁，借居本门长房之有棣堂，七八岁幼读之所也。遗书楼唯不许登览，防我攫取。新年逐门叩贺，见字画双款皆康、雍、乾隆间老辈，率不完。灶上香炉，皆成化五彩、景泰蓝、万历青花之属，皆破乱。追忆当时，为之慨然。族中燕聚，杯盏杂凑，皆雍、乾中官窑也，间有明瓷，则直取数枚以来。群以料壶投赠，皆盛刀创药洗之属，若以料壶为不值钱者。有新雅轩、古月轩。

新年到外家贺节，见有瓦研十二字，残瓦也，不以见赠。又有郝兰皋丈及先从祖姑倪佺安人所辑宋、元、明本史书及殿本《廿四史》。内明监本皆一一挖圈，贴补精致，逐卷有校签粘其上。当年闻以七十金得自郝氏者。得来即置一箧中，至今未一晾，不准我翻。

中间持古泉、字画求售者不一，皆乱索厚值，亦无一精物，却之。

到烟台住二日，得明拓《孔宙碑》一本，汉官、私印各一。私印佳，凡四界，只有三字，甚罕见。用钱一千余几十文。

在县城得张刻《玉篇广韵》一函，直二千，先从祖雪舫解元公物。在先尚书府得康熙闽浙总督官封二，告示一。窗格间多张廷玉书。将来揭取之，此时介者不让撕也。

中表群姓以旧玉玦（纯墨色。此真玦，半高半下，不同今之扳指。余有二，先一白，此则一黑，即油泊村出土小节墨刀）一、齐刀五为赠也。

益州人来售古陶。潍之杜估来，售去古陶，乃从益都人得太真实埙。又知小汪家村出齐刀范甚多，近十年矣。访之，得一完者，真是一正砖，有痕无字，浣女溪旁浣衣物也。

二月间，取道北上。过黄县，见松溪新造大楼穿土所得隋大业年长乐乡 ×× 一器，非土非石，类白泥烧成，佛家幡盖顶间物，不可名。又罗两峰为桂未谷所书《说文统系图》原幅，又元本吴中（书名忘之，甚熟），阳城张古余物。见穆庵砖、古印。见“彝、斋、齐”三字刀，文在背曲。成瓦出书画箱十许，为之辨别，无剧迹，又所藏砖及古泉。住四日，赠我六字刀一。见鞠彦云墓志。皇兴一象在丁五家，未见。得砖甚伙。

过潍县，住四日，遍访赏鉴家。在陈寿丈处三日，书画古器不具数。见所藏朱子《楚辞》与协卿本装潢皆同。见南郑丽珍所藏古泉、古砖、古印。南郑宋版《四书》，闻寿丈称之，未见。槐堂故后，家无长丁。陈九兰藏四朱及賛化种类极多，皆《泉汇》所未收。陈小兰以办盐下乡。《桑梓之遗》书画一大宗，未见，闻有总目。得一六字刀，十五金。又得高君二字，极佳之。大量几专车，今尚存西泉家。得“齐”字砖二。

过寿光，谒仓颉墓，又谒本生高祖妣母家李宗丞祠。西泉即李氏裔婿，闻其家有文与可《大竹》，为寿丈购去，在潍所见即是。李氏凋零尤甚。

所得古匋、泉范、砖瓦不悉数，并汉印及钱，只一齐刀奇。到京雇车至陕西，见苏估得开皇铜碑，巨直赊得之。见小苏估、马估（呈端）、孙估（文山），所得零星不计，十布将全。到城隍庙，得明初印本《元史》残本，缺数十卷，有太师英国公印章，四明范氏印，最佳，极破（到川裱成巨册），钱一千五百。得元椠《古今均会》，缺三卷，钱四百文。先是京师徐估宝文有缺一卷本，徐殁后，止索十金，贫无力取之，为钱篯仙购去，自是思之。先中丞旧藏一部，乱后亦残，在七兄手，屡索不与。非好之也，若凑合一气，便能重完，自是恨之。余有明刻完者一部，亦难得，极爱之。此又多前一序，张香涛、钱笵仙本所未有也。己卯由川回京过此肆，得宋南雍大字明印本《魏书》《北齐书》《北周书》，合以旧有之明库册纸元本《隋书》、元本《北史》、明翻宋秘阁本大字《晋书》、元大德本涂改称乾道本之《汉书》，慨然有集旧本全史之志。惟总须编查装潢，不知何日得闲钱为之也。过华阴，见汉石、北周碑。在长安得铁大钱五十，极大；范一，造像二，墓字瓦一。过褒城，见一路古砖在人家墙上，不得取。遇游汇东前辈北上，属代还苏估铜碑钱。又得一觯，为谢公子物；告田二，阳文。

到川，舍弟为得《宋相臣传》元本，不全，不知何人何时所刻。川省无旧书。得《诸子鸿汉》明人选本。新城宗叔翱官四川，见所藏字画及渔洋遗迹，赠我以渔洋诗稿一纸，宝之；又《池北偶谈》原稿十许页，装之。又知县许缙家有蔡友石所藏画卷不少，又一卣子执旗。

于飞卿大令已履宜宾任，未见。闻薛锦堂侍郎字画书籍多归之，有《圣宋文选》《绍熙公羊》《张伯颜文选》，余记不晰。云阳令叶庆杍家有《魏鹤山大全集》，宋刊足本。又合州黄刺史号景周，忘其名，有宋南雍本《十七史》。又好聚古泉，真赝参半，有极大之大观钱，有汉兴传形钱，有权钱、古印等物。于、黄所收，凡物真赝相杂。于有“武乡”二字印，确为蜀汉物。朱肯夫学使案临其处，皆见之。于以宋麻沙本《左传》赠朱，乃怡府物；黄以显德钱及别品赠朱。时朱忙，而余将行，见《左传》，未见显德钱也。

有一老幕，周姓，自东而陕而川，亡去数十年矣。好聚古泉，身后萧条，同乡唐真牧为余作缘，以重值得其家古印、古泉，真赝相间。尽涤之，得周鉢，有象形花文。又官印三，尚新奇。钱有太平簹钱百，字最奇。濮瓜农同年有此一品，曾傲我，今乃压之。又知古谱所谓五铢稚钱乃蜀汉钱，非梁造，特行用至梁耳。破此一疑，自泉志以来所未有，恨不能起子年、竹朋两丈一说之。得川估刁姓铁钱无算，且昂，竟无奇品。有选余为钱堤江大令磨取奇品二，余未及并收之故也。廖估自陕贩得半两十许千，内选得一东周钱，为诸家藏东周一泉之冠，生砂活翠，文字精完，余以厚直得之。谢估手得瓷印盒一对，又瓶二，皆奇古，土绿甚坚，瓶底厚至五寸。

成都西关有万佛寺故址，忽出残石佛像，大者高如屋，小者卷石，皆无首，或有首无身，无一完者，蜀碧所称献贼凿去者也。两县来报，出凡百余。家大人命地方移送今小万佛寺，出资重完，且尽整之。命余兄弟监其事，不用官家。一文不募，唯府署出资私囊，两县助止各二十千，出私囊。乃拣得有字残象三：一元嘉，极大；一开皇；一无纪元。又残碑五七方，不成文，皆苏石。川石质本松，此又似经火而复入土者，须甚护惜。由海船北上未知如何，斤两太重也。西估寄来牙印二，铅泉印一，涅金二，中布、第布一。十布尚未全，计缺序布。若壮布则盘山李古农家烬余物也，别一种寿丈夙见之。六泉止缺壮泉。闻又出卢布涅金二：一归谢公子，一归吴清卿。壮泉西估沈秃子有一枚，售与陕官黄姓。此泉真者唯鲍丈有。

辛巳年八月，由川北上，回京馆试。到陕西，初见杨估实斋，为陕巨指矣。先是过宝鸡，渡河祷于宝鸡祠陈宝之神，顾得古器。门未启，叩于外。到长安，得杨估彝一，中有犠形，尤佳；方鼎一，小鼎一，觚一；小苏估剑一，当为天下第一，鸟形阳文篆，如花如字，字下又有花，锋如新；马氏殿当瓦一，古泉、古印不具数。陈宝之神所祐也，望空谢之。杨估为清卿寄古泉百余方，佳者累累，兴定宝钞铜板乃绝品。马估得于河南府李姓者，闻又有《文选》铜板一叶，不知何物何归。

到城隍庙，得元诸路本，每页有某路某学字样。残本《北史》与前黑口元本不同，爱之，钱四百。得尤西堂、王山史、刘文正、毕秋帆字条。前年所得元本《豫章别集》《王梅溪集》，明本亦在此肆，黄残妆之，王全不足奇。见同乡赵孚民大令，出所得世祖赐某侍郎御笔画一，触手如新；又刘公戫所记肃刻阁帖七册，非世间所有。

见毛子静、李云生，毛出所得十年宅阳一剑见示，极佳。此与古铣、古匋、古币皆同时，寿丈知之。苏估言有唐墓志五六，价廉而不能购，且不便车行。李说一候补人某藏有唐志五十余种，不过数金一石，余亦好之，不能购，且万不能辇致京师，须数十大车也。皇甫驎一志在内，此魏志也。毛、李同说谢家一敦，已携入京师，尚有一底、盖全者，在候补官韩家。韩乃芝孙本家，有物许多。又扶风令孙氏有一敦，字极多，未多拓本，另一器也。陕西之铜泉范、泥范之精者不暇收，太多也。又一寓公某，家有一大壶，字在口，谢估在川曾言之。此行送女，又将冬令，行囊不给，又匆匆数日便去，不及物色。然天下之地，青州一带，河陕至汉中一路，皆古董坑也，余过辄流连不忍去。东坡说“歧山风物惭”，此语乃皮相耳，东坡未解好古也。然安得腰缠十万哉？若有之，决不上扬州。得泥封载国大行印文一，可补汉志及各家收藏之缺；得“执法护共印”五字一，皆旧谱所无，余不数。

过广元，见金轮石象，唐武后也。过马嵬，忽梦太真，黄病高颧，以青巾扎额，侍者内官黑蟒，与人间所传异。此梦语，然甚真切。

过河南府，有方估言李绅家有书廿箱，字画廿箱，一气出售。此则耳娱之矣。得一玉含蝉与汉印二。卢恒丰京货铺前老滩之王估（叔文）无一物。携来一鼎，新出六、七字，皆剔壤，不准拓，索价二百金。过龙门，两山夹水，即石凿佛，凡亿万身，文字累累，所见拓本万分之一耳。入目即一延昌像，记向无人拓。于是望洋而叹，安得携之以来！

到陈州时，丁少山为仲饴亲家校刻子苾文《捃古录》。见吴氏装册款识，及宋、元人札及他书画，皆精绝。嫁事毕，将去，与少山及家兄知仲谒太昊陵。百年前，先太常祭告奉使之地也，多古砖。

此次过陕，从孙估手恰得序布，直甚廉。十布全，至此蓄志二十年。惟有极精有极漫者，然皆真品也。

此中如在川所得汉残钱枚（旁缀画像，若武梁祠者）唐小铜碑及西番观音咒铜饰，费西墉出使琉球得佳纸，阮文达刻《玉识》初成，印以此纸，复赠费西墉本，皆剧品，不具数。

山东砖匋多，陕西铜器多，书亦多，不及细检，河南特匆匆一过耳。四川止蜀钱、宋钱多，明刻书亦常有之。之罘一山，遥遥在目，刻刻在心。

此中所言各物，书为详，然卷第缺数亦记不清。匆匆到此不及三月，日日作干禄字书，诸物堆积，尚未发箧，故记者便说之耳。

师舟行闷，来请以草纸批答之，交小吏亦钉为一本。寄之何如？到家事大且烦，便不及此，或日后庐中批寄之，亦以所见闻示之。不敢上拟《论》《孟》，亦河汾中说也。使后百年好古者得之，当奉为剧迹，未悉吾师以为然否？

◉ 书画

书法、绘画方面，古现东村自古人才辈出，且后继有人。清朝王懿荣、王鹭、王启绪、王积熙、王兆琛、王麟瑞、王钟淮、王执让、王槭、王乘燮、王学庸都是著名的书法家。其中王槭“长于文笔，书法尤工。观其墨迹，应规入矩，法度严谨，笔意流畅而深藏不露，积学功深显波澜老成，极似二王、赵松雪一路”。王乘燮为近代享有盛名的书法家之一，其“工书法，尤善草书。其行书瘦硬中见萧疏，规整中见飘逸”，其草书源自孙过庭《书谱》，得其“笔势纵横，墨法清润”之旨，控纵有节，疾涩得益，极生动自然之能事。而王庸、王延庆、王连甲、王庄年、王景乔、王辅芝（女）则是遐迩闻名的丹青妙手。

新中国成立后，王氏后裔又涌现出一批书画新秀。其中王其耀在继承传统书法艺术的基础上，博涉广览，兼容并蓄，不囿于一时一代，熔铸诸家，书法造诣日进。其作品多次在市、省乃至全国书展中获奖。

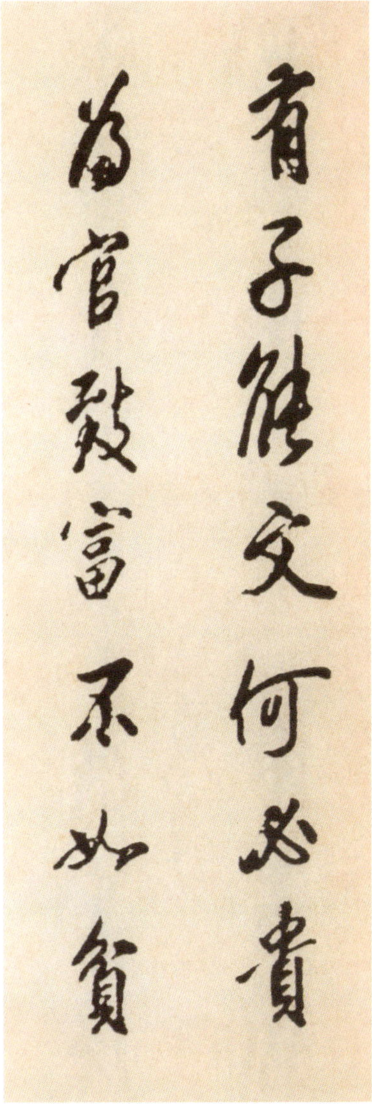

王鹭书法

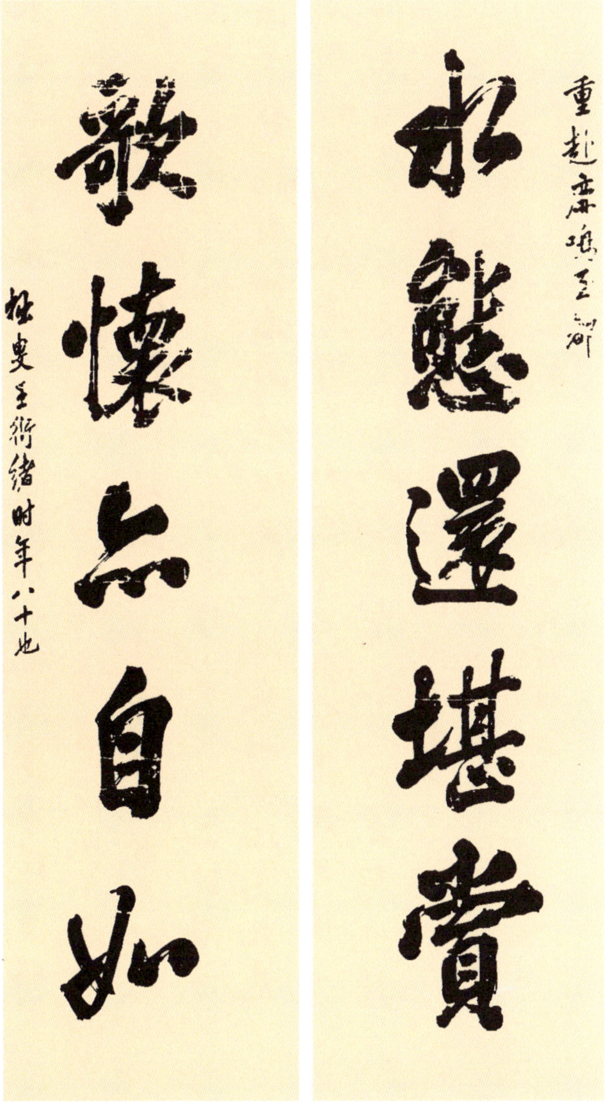

王衍绪书法

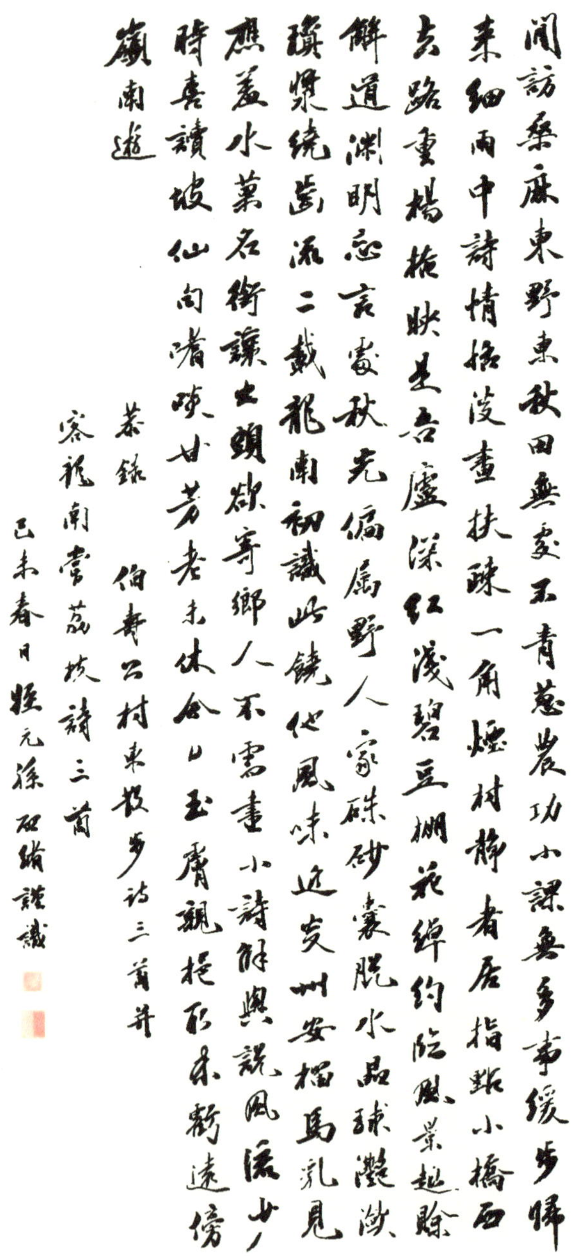
閒訪桑麻東野東秋田無處不青蔥農功小課無多事緩步歸
來細雨中
一角烟村靜者居指點小橋西
去路
深紅淺碧豆棚花
秋光偏屬野人家
二載龍南初識此
不需畫小詩聊與說風流
嶺南遊
恭錄
伯奇公村東散步詩三首并
寄龍南嘗荔枝詩三首
己未春日
元孫
謹識

王启绪书法

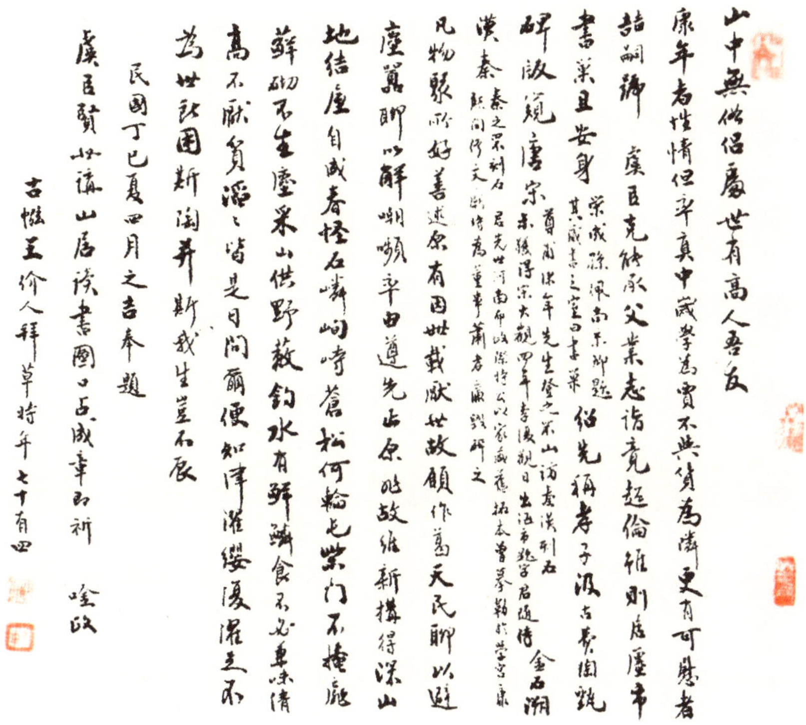

王价人书法

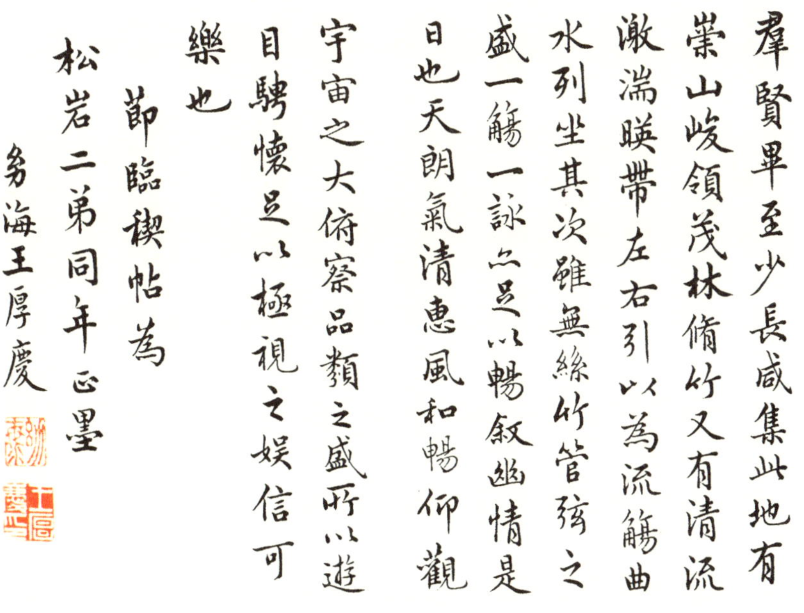
群賢畢至少長咸集此地有
崇山峻領茂林脩竹又有清流
激湍暎帶左右引以為流觴曲
水列坐其次雖無絲竹管弦之
盛一觴一詠亦足以暢敘幽情是
日也天朗氣清惠風和暢仰觀
宇宙之大俯察品類之盛所以遊
目騁懷足以極視之娛信可
樂也
節臨禊帖為
松岩二弟同年正墨

王厚庆书法

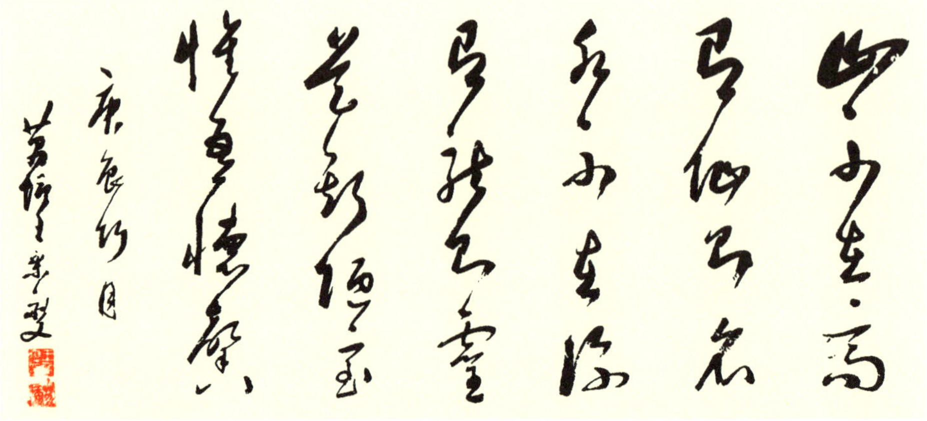

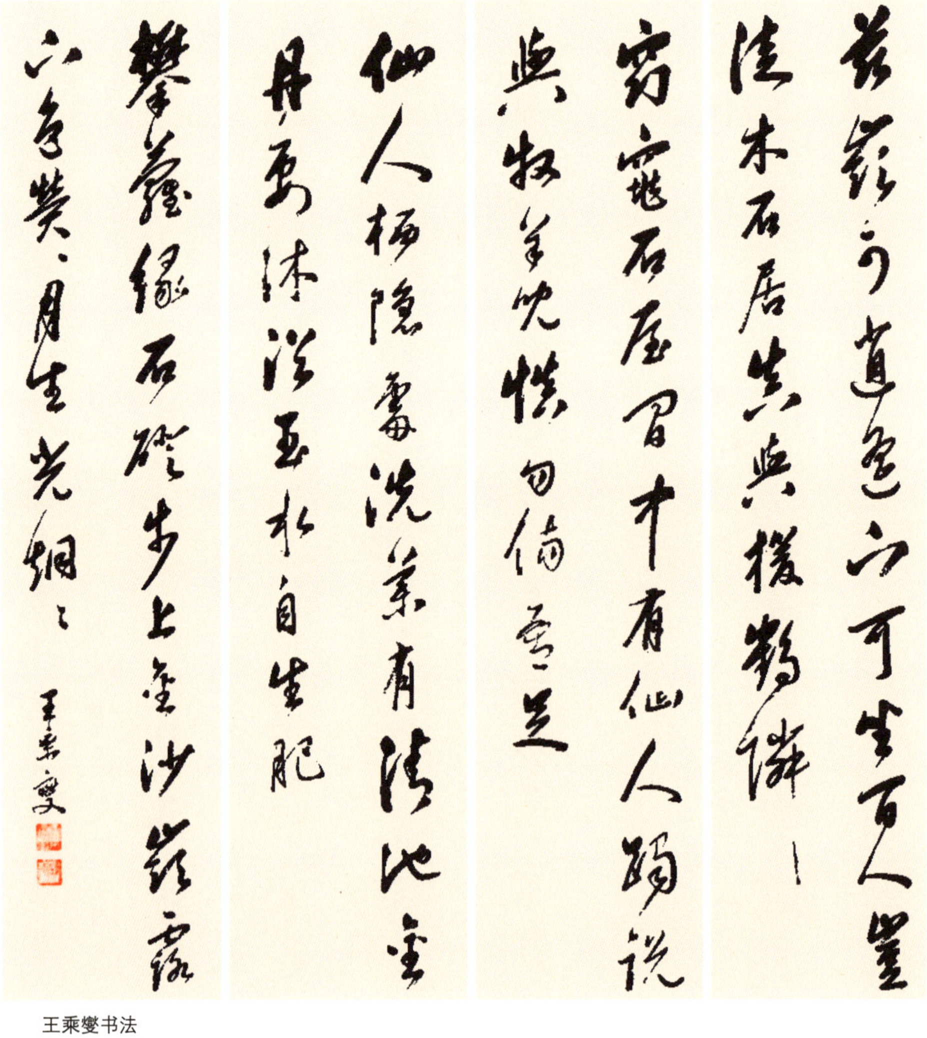

王乘燮书法

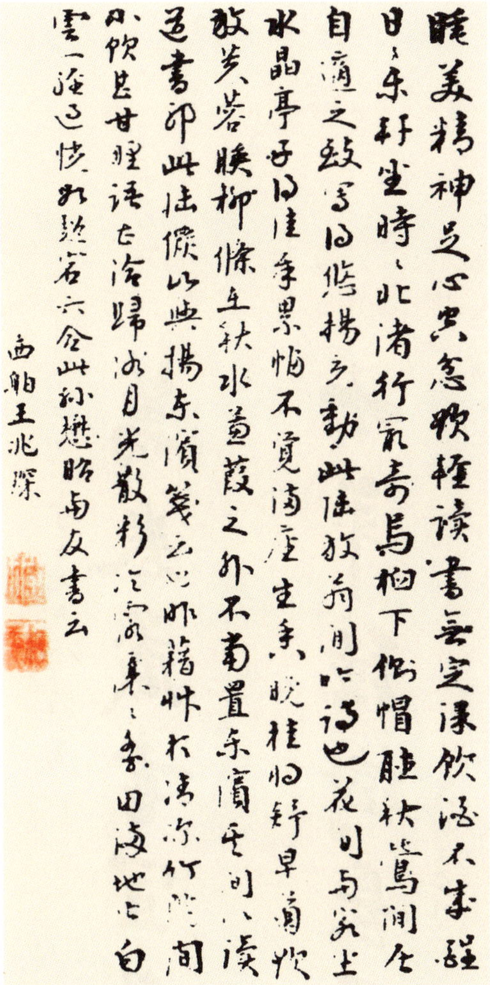

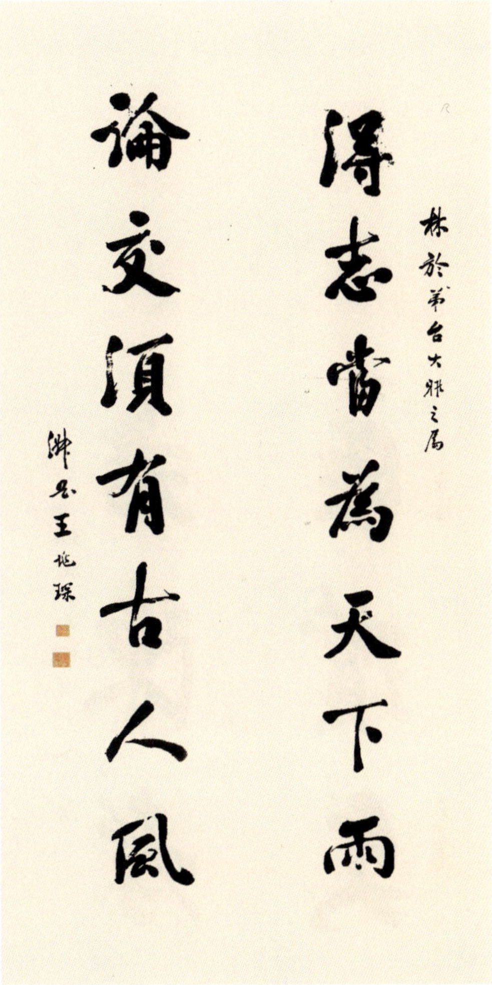

王兆琛书法

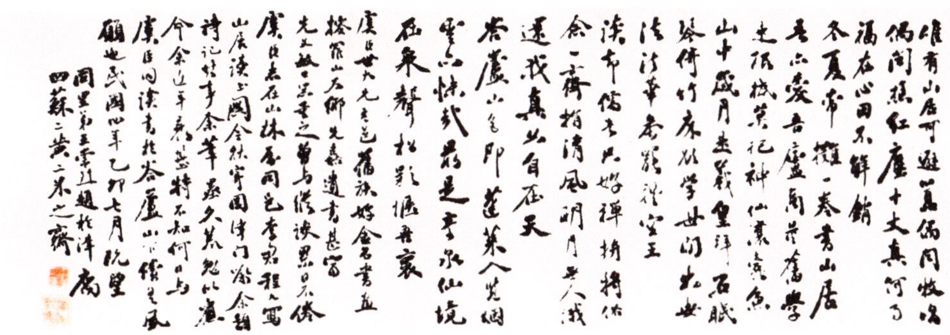

王崇烈书法

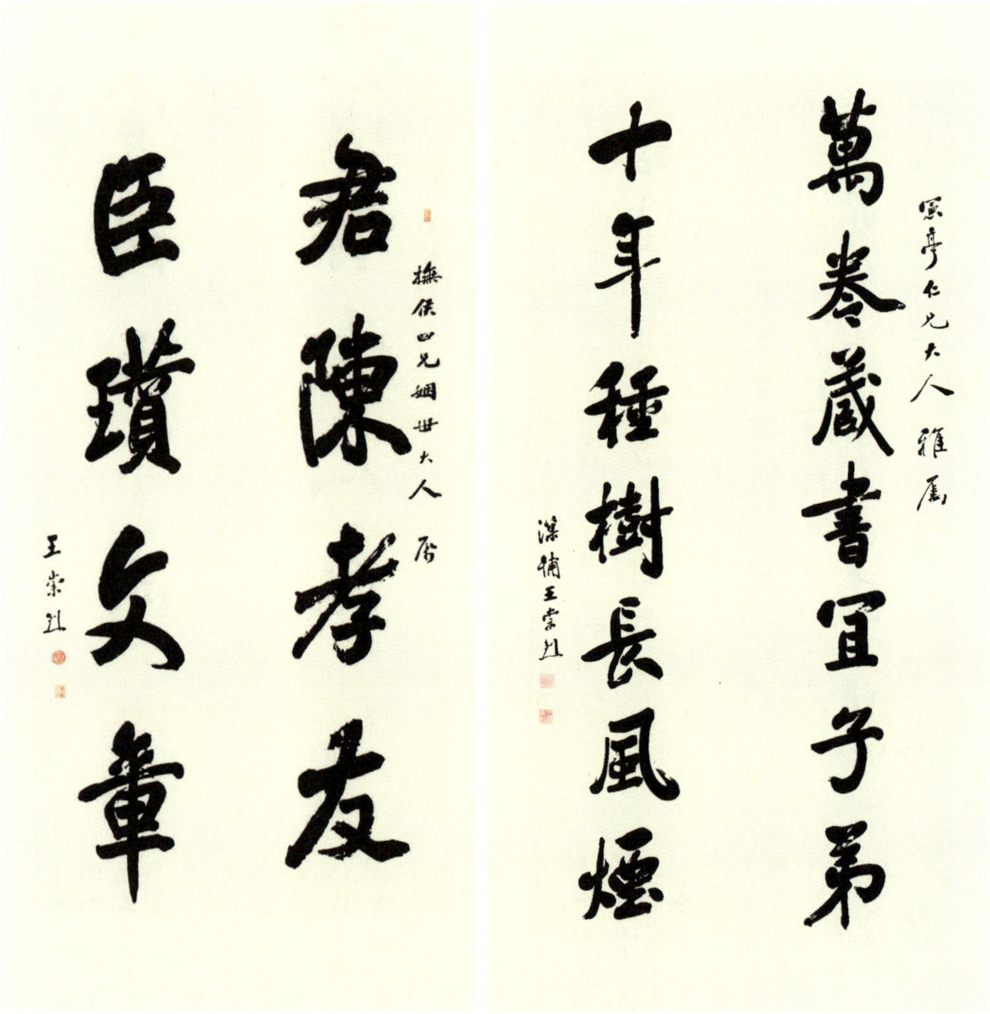

王崇烈书法

王崇燕书法

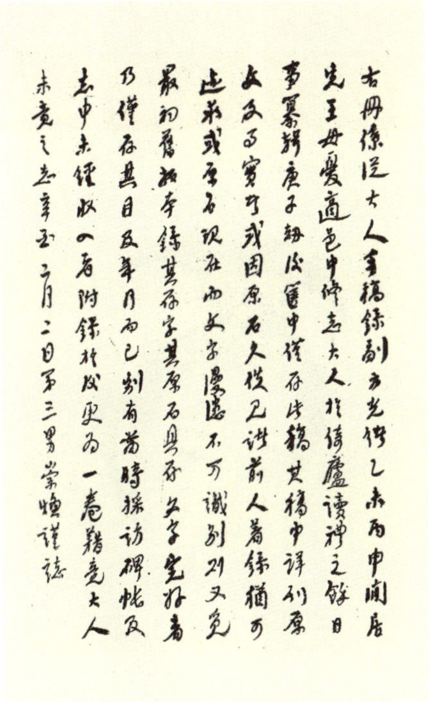

王崇焕书法

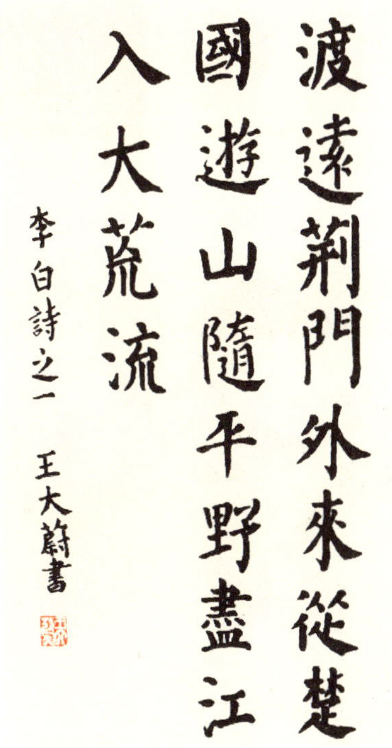

王大蔚书法

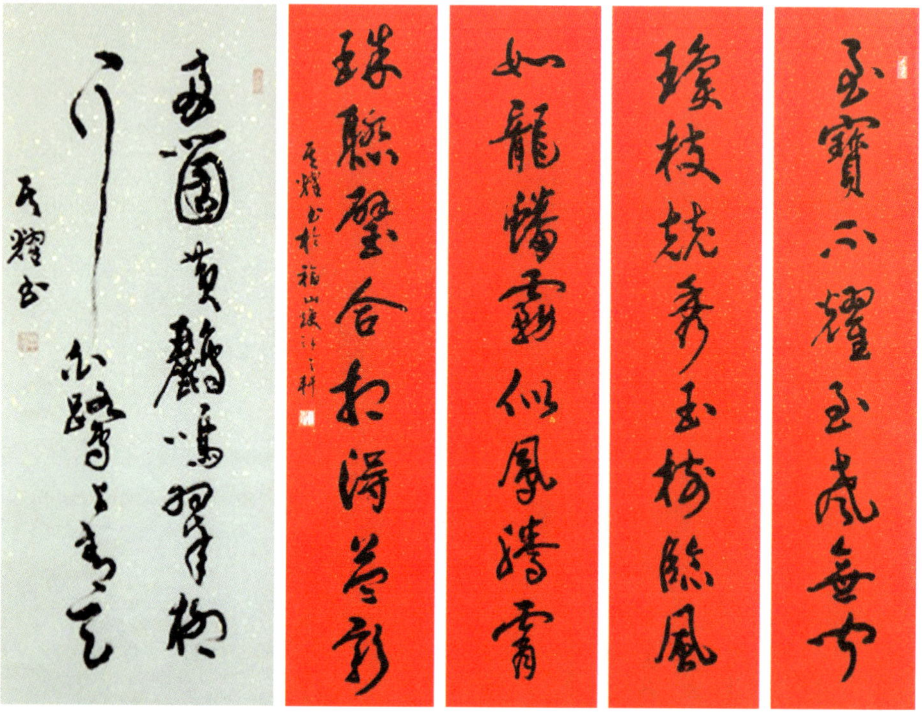

王其耀书法

陈守荣工笔画

大事纪略

◉ 秦始皇东巡驻跸磁山

磁山，古称牟山，位于古现村西 3 千米处，黄海八角湾海南岸。它以峻岩如笔架之奇，集孤立特显于海上，自古有海上仙山、名山之称。是古牟子国和古牟平县“邑之镇山”。

《史记》载：始皇帝二十八年（前 219），秦始皇统一中国后，仿照古代帝王祭泰山，曾到达当时的边陲之地黄县和腄县（即后来的福山县一带）。后又分别于始皇帝二十九年（前 218）、始皇帝三十二年（前 215）共三次东巡，“登之罘，立石刻，颂秦德，明德意”。

秦始皇东巡，过古现一带，涉水“柳林”，畅饮“圣水”，造访“古城”，展风“崱岦”，夜跸“八角湾”，第一次发现海市蜃楼，坚定了其寻仙拜神的之心。于是，便在磁山和芝罘岛上封禅“阴主”“阳主”，古现一带村民被迫出工出料在磁山上修建阴主祠。

时光荏苒，今天所见磁山阴主祠遗址，已非秦始皇礼祭过的阴主祠，而是清顺治年间（1644—1661），古现东村人王道增、王鹭父子重修移建过的阴主祠遗址。

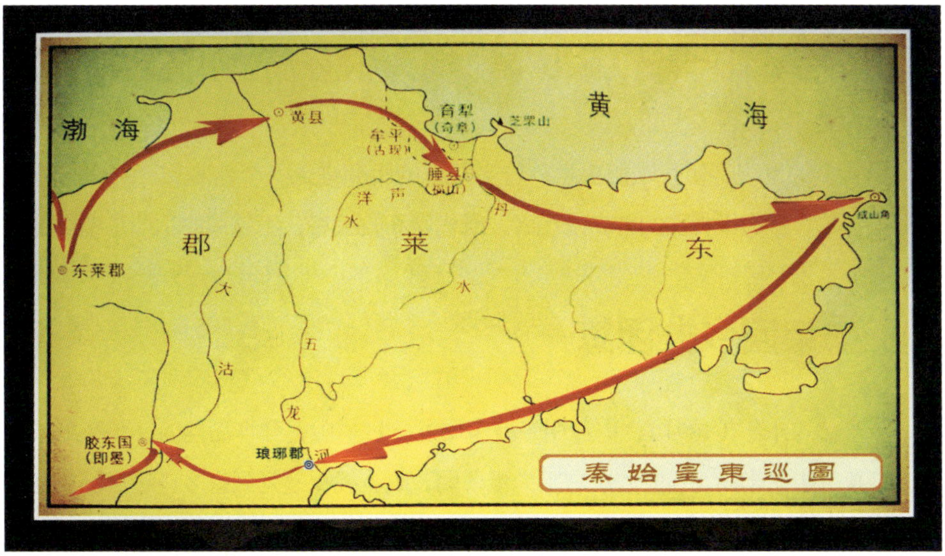

秦始皇东巡路线图

◉ 王懿荣发现甲骨文

王懿荣在学术上最大贡献就是发现甲骨文。早在其未中进士前就酷爱研究金石学，好石成魔，有“书墨癖”之雅号。凡玉器、字画，三代以来的铜器、印章、泉货、残石、片瓦无不收藏研究，其文物鉴赏之功名满京都。

清光绪二十五年（1899），身任国子监祭酒的王懿荣因勤勉王事，过度劳累，得了重伤寒，病倒在床。家人根据太医开的药方，到宣武门外达仁堂抓药。药抓回来后，王懿荣发现一味叫“龙骨”的药里几片拇指大的骨头上有似篆似镏的刻画。他忙问家人这药来自何处，要家人再去药房将这味药统统买来。

第二天，王懿荣抱病来到药房，说明来意，并再三嘱咐店家，以后若购到此药千万不要捣碎，一律卖他，并留一锭银子作为定金。

没过几天，在京城做古董生意，经常到府上送古玩的孙桂澄来访，为王懿荣送来一件青铜器。王懿荣十分高兴，告诉孙桂澄他在药中发现几块“龙骨”上有与青铜器类似的刻画，嘱孙多搜集青铜器拓片，以便将“龙骨”上的刻画与篆字对照。

这年秋天，山东潍县古董商人范维洁在河南安阳小屯村收购到 42 片甲骨，送到北京，被引荐到王府。王懿荣见到范送来的这批甲骨，分外高兴，告诉范这些甲骨上的刻画，是中国最古老的文字，并以每片二两银子的高价全部收下。

王懿荣得到这批甲骨后，进一步研究比照，确认上面的刻画为商代汉字，即后来所说的甲骨文。

甲骨文的发现，使我国历史学、古文字学的研究进入一个新领域，将中国信史提早了一千多年。作为甲骨文的首先发现者、断代者和收藏者，王懿荣的功绩是不可磨灭的。

◉ 王懿荣回乡办团练

清光绪二十年（1894），中日甲午战争爆发。日军由朝鲜半岛侵入辽东半岛，又由辽东半岛攻入山东半岛。当时胶东守军力量薄弱，眼看战火蔓延到家乡，时任国子监祭酒王懿荣心急如焚，毅然上书请求回籍兴办团练以御倭寇。此举深得光绪帝赞许，著令户部借支白银二万两，降旨王懿荣为登州团练大臣。

光绪二十一年（1895）农历二月二十九日，王懿荣回到家乡古现，在王氏祠堂召开家族会议，号召王氏子弟拿起武器，兴办团练，抵御倭寇。次日王氏子弟数百人在古现村组建起第一支团练队伍。福山知县康鸿逵闻讯后也到古现送匾祝贺。他们在路口设卡，在磁山设寨，恢复烟台沿海一线至蓬莱的烽火墩台，还修复了烟台沿海至八角的炮台。整个古现、磁山黄龙旗飘扬，一支支整齐的队伍在磁山脚下日夜操练。王懿荣视察了王家军的训练、站岗、巡夜及筹款等情况，写信给妹夫张之洞请求支援，从海路运送枪支弹药武装团练队伍。之后又去栖霞、莱阳等地组织团练。

后来清政府与日本签订了丧权辱国的《马关条约》，王懿荣不得不遣散家乡的团练队伍，但王懿荣磁山办团练的故事依然美名远扬，王氏后代至今保留着当年办团练的花名册。

◉ 王懿荣投井殉国

清光绪二十六年（1900），八国联军借保护侨民之由，出兵镇压义和团，进而侵略中国。国难当头，清廷任命兵部侍郎李端遇、王懿荣为京师团练大臣，办团练以应外敌，此时李端遇托病请假，保卫京城的重担，压在身为文职的王懿荣一人身上。

王懿荣自知责任重大，抱必死决心，指挥兵防与列强作战。

八国联军攻克天津后，直逼北京门户通州。农历七月十九日（公历 8 月 13 日），通州失守。七月二十日（8 月 14 日），八国联军攻打北京东便门。王懿荣指挥团英勇抵抗八国联军。下午城破，他组织部分团勇“以巷为战，拒不投降”。

半夜，八国联军攻打东华门，慈禧太后携光绪皇帝等化装逃跑。

七月二十一日（8 月 15 日），王懿荣自知败局已定，无力回天，决定以身殉国，他对夫人讲：“吾义不可苟生，吾可以死矣！”，随即写下绝命词：“主忧臣辱，主辱臣死。于止知其所止，此为近之。”写罢，与夫人、长儿媳更衣，吞金仰药未果。家人环跪泣劝，力斥之。然后跳入花园深井，夫人谢氏、长儿媳张氏随后相继跳入井中。

王懿荣为向外国侵略者表示抗议，不惜坠井自尽，显示宁为玉碎、不为瓦全的决心，其爱国忠君情怀令人感佩。

◉ 凤凰山小学建设始末

清光绪二十六年（1900），古现兴办凤凰山小学，校址位于古现村北大街，由旧时火神庙改建而成。村童始有入学机会。

1922 年实行小学 6 年（初级小学 4 年，高级小学 2 年）学制。初级小学开设修身、国文、算术、手工、图画、唱歌、体操等课程；高级小学增加自然、地理、历史、尺牍等课程。1930 年，凤凰山小学初成规模，开始使用白话文教材，课程设置有所变动。初小课程有国语、算术、公民、常识、珠算；高小增加自然、地理、历史、卫生。1944 年，中共领导的福山县抗日民主政府在古现建立，凤凰山小学改为古现区中心完小，全称“古现完全小学”。改建后的校舍占地面积 3200 平方米，平房 57 间，建筑面积 1098 平方米。1988 年，古现小学迁址，原址现为古现幼儿园。

20 世纪 50 年代古现小学教师合影

◉ 彭雪枫在古现

1929 年 12 月，中共中央派遣彭雪枫到福山县古现一带，以凤凰山小学校长身份为掩护宣传马列主义，开展农民运动。彭雪枫到古现后，首先发动群众开展反军阀宣传。他编写了《新军阀》儿歌，教学生们演唱：“新军阀，瞎胡闹，贴标语，喊口号，救国救民做不到，伸着巴掌把钱要。”揭露军阀为竞选议员到处贴标语，做演讲，拉选票，祸国殃民的丑恶嘴脸。

彭雪枫还通过办农民夜校，组织贫苦农民学习文化，提高觉悟，进行反贪官污吏、反土豪劣绅、反卖国军阀的教育，使广大农民文化水平和政治觉悟有很大提高，培养了一批积极分子。

1929 年秋天，福山大旱，粮食歉收，老百姓苦不堪言。彭雪枫组织秘密农会，发动农民开展抗租斗争，12 月底，由于身份暴露被迫离开古现。

彭雪枫在古现与当地贫苦农民结下了深厚友谊，播散了革命火种，揭开了福山农民革命运动的新篇章，为此后中共在福山发展党组织，开展革命斗争，创建红色根据地打下了基础。

◉ 古现一带的抗日斗争

1938 年 2 月 2 日，日本侵略军侵占福山县城,2 月 10 日国民党原县长陈昱投敌。之后，日伪军在福山全境建立 27 座炮楼据点，其中一座建在距古现十多里路的八角村。1942 年 11 月又在古现村南凤凰山建一座炮楼。

面对日本侵略军，具有光荣革命斗争传统的古现民众没有妥协。在中国共产党领导下，组织起来，与日伪军进行坚决斗争。

1938 年，中国共产党领导的山东人民抗日救国军第三军第一路军第二大队由于得水带领在蓬（莱）、福（山）、栖（霞）边的古现、八角一带发动群众，建立敌后武装。福山的“民先”组织成员王历波、于敏等组成“业余救亡歌剧团”，到古现、八角集镇巡回演出，宣传抗日。1938 年 9 月，八路军山东人民抗日游击队第五支队第 63 团抽调 60 多人成立东方工作团，由梁辑卿任团长，在福山县古现、吴阳泉、奇章一带活动，发动群众开展抗日斗争。期间，古现的四合村、大王家等村成立抗日自卫队。

1939 年 7 月，中共福山县第一任县委书记李善本等在福山北部古现，南部杜家崖村一带组织起一支 40 多人的抗日武装。

1940 年 5 月，中国共产党领导的福山县抗日民主政府成立后，县长郝一军在古现一带组建一支 10 余人的抗日武装，以此为骨干，成立福山县人民武装大队。

1941 年 7 月 8 日夜，福山县县大队配合八路军山东纵队五旅十三团和“胶东抗大”一部夜袭陈昱伪县政府驻地古现村，击毙陈部连长以下官兵多人，救出干部群众 20 多人，史称“古现大劫狱”。11 月，八路军五旅十三团一部在福山县县区地方武装配合下，攻克陈昱在磁山以东地区的军事堡垒山王家村，建立磁东抗日根据地，古现一带建立中共党组织和村民主政权，同时成立古现磁山抗日中队，队员 30 多人。

1942 年冬，日伪军扫荡古现磁山一带，古现村民兵配合八路军和福山县地方武装开展“反扫荡”斗争，割电线，破公路，毁桥梁，支援八路军袭击日伪古现凤凰山据点，击伤伪军副大队长张立业。

1943 年夏，八路军胶东军区侦察二连与福山县抗日政府组成侦察组，伏击日伪古现据点的伪军小队长，虽未成功，却震慑了敌伪势力。

1944 年 9 月，中共领导的福山县六区区中队和民兵分队发起围攻日伪古现凤凰山据点的战斗，连续三天，摧毁凤凰山炮楼，守敌溃逃，古现解放。

◉ 古现东村的土地改革

新中国成立前，东村土地山岚多为地主、富农所有。1946 年统计，全村 280 户，872 人，有耕地 1540 亩，其中地主、富农 8 户，占土地 557 亩，户均 69.60 亩；而 107 户贫雇农，仅有土地 238 亩，还有 2 户佃农没有土地。5.2% 的地主富农占有全村 29.67% 的耕地，人均占有耕地为贫雇农的 5.9 倍。地主、富农将土地租给贫雇农耕种，租期 1 ~ 3 年，地租一般为作物产量的 4 ~ 6 成，收获后一次交齐。遇到天灾人祸，佃农常因交不上地租而流离失所，全村有 17 户 20 人因生活所迫外出逃荒要饭。

1941 年，中国共产党地方组织在福山农村建立农民抗日救国会和人民政权，从 1941 年 5 月至 1946 年，东村人民在共产党领导下先后开展“二五减租，分半减息（简称减租减息）运动”。在原对开分租的基础上，按单产 37.5% 交租。1946 年 10 月到新中国成立前后，中国共产党和人民政府领导广大农民开展了土地改革运动。东村的地主、富农交出土地 258 亩，房屋 90 间，大牲畜 2 头。1951 年底，东村土地改革运动结束，广大贫雇农实现了耕者有其田，人均耕地 2.47 亩，终于过上了好日子。

◉ 古现东村的民兵工作

1938 年 3 月，山东人民抗日救国第三军二大队于德水所部到古现各村宣传抗日，组织抗日游击队。

1942 年，古现磁山抗日中队成立，队员 30 余人，古现东村有村民参加。同年 11 月，日伪军对磁山地区进行大扫荡，村民兵参与割电线、破公路、毁桥梁的斗争。

1945 年，日伪军采取“九分政治，一分军事”的策略，强化特务活动。东村民兵严密搜查，未给敌人可乘之机，并配合武工队以地雷爆炸、“飞行”爆炸战法，打破敌人控制烟潍公路的企图。

1947 年 9 月，村民兵支援胶东军分区第二军分区于古现磁山一带设阵阻击国民党二十五师和五十四师东进。同年，以村内民兵为主，30 多名青年报名参军，支援淮海战役、渡江战役、上海战役。

1948 年 11 月，为支援淮海战役，中共福山县委、县政府组建以福山民工为主体的“胶东担架第八团”，东村派出王盛贵、李文轩、王福财、王镇才、王镇东 5 人参加担架队，奔赴战场。

新中国成立后，民兵“以劳为主，劳武结合”，保家卫国、维护本村社会治安，是本村社会主义建设的中坚力量，在社会主义建设发展的各个时期发挥了积极作用。

1952 年 12 月，民兵由自愿参加过渡到普遍实行民兵制，凡年满 18 ~ 35 岁、身体健康的男性公民皆参加民兵组织；18 ~ 25 岁之政治纯洁、身体健壮者，均为基干民兵。姜宝恩任村第一任民兵连长。1958 年，村民兵组织进一步普及和加强。1981 年 11 月，民兵组织进行调整，由原来的普通民兵、基干民兵、武装基干民兵三种改为普通民兵和基干民兵两种。

1954 年，古现东村派出 10 名民兵参加烟兰铁路和夹河堤防建设工程。1959 年，民兵王丙义、王永花、王镇才等响应国家号召，到黑龙江支边，王淑善、张传秋等赴新疆参加建设兵团。1958—1960 年，村派出 32 名民兵组成门楼水库建设大军 10 团 3 连 2 排，参加福山门楼水库建设，历时两年。1965 年，村派出民兵一个排（20 名），参加修建福山西干渠工程建设。1968 年，基干民兵王德泉等参加莱山机场扩建工程。1959 年，由村党支部副书记于林春带领10名民兵，参加乳山马陵铁矿大会战。20世纪70年代中后期，在农业学大寨、整大寨田以及绿化凤凰山等重大社会主义建设活动中，村民兵都做出了巨大的贡献。1988年，东村民兵连被烟台市福山区人民武装部授予“先进民兵连”荣誉称号。1991年，东村民兵连被中共古现镇委员会、古现镇人民政府授予“先进民兵连”荣誉称号。

1958年始，民兵军事训练主要利用冬闲时间开展。村民兵连为武装连，轻机枪、重机枪、步枪、手榴弹等装备齐全。早晨，由民兵连长于维祥组织民兵跑操以及队列训练，其余时间，由县、社武装部人员直接参与指导，进行传授战法、利用地形地物、实弹射击等常规训练。

1964年，村民兵连副连长王炳炽和基干民兵王瑞圭参加烟台军分区在福山县永福园村召开的民兵比武观摩现场大会。王瑞圭参加步枪实弹射击比赛，取得较好成绩。时任中国人民解放军副总参谋长张云逸大将莅临大会，观看了比武表演。

1969年，村基干民兵进行“三打”（打飞机、打伞兵、打坦克）、“三防”（防原子、防化学、防细菌）训练。

20世纪60年代中期后，解放军第22野战医院（今107医院）到古现东村驻村帮助村民兵连建设，组成“红医连队”，设“战地救护队”“担架队”，主要帮助训练民兵战地救护技能。解放军驻福山部队来村拉练时，村基干民兵积极配合部队参加村凤凰山阵地实弹演习。1993年，村被中共古现镇委员会、古现镇人民政府授予“民兵预备役工作先进单位”荣誉称号。1999年，被中共古现镇委员会授予“民兵预备役工作先进村”荣誉称号。

古现民兵参加门楼水库建设

◉ 古现东村农村合作医疗工作

东村的合作医疗制度始于 1969 年。大队（村）成立合作医疗管理委员会，建立卫生室，安排培训“赤脚医生”（村医）。社员每人每年交 1 元，大队（村）集体为每人补贴 1 元，作为合作医疗经费。社员有病到卫生室取药就诊，小病不出村。1975 年，当时的人民公社成立合作医疗管理委员会，管理指导全公社（乡镇）的合作医疗工作，社员每人年交费 0.5 元，其余由集体补贴，有病可在公社卫生院免费治疗。后因经费不足，到 1982 年，旧合作医疗制度停止。

2006 年秋，根据上级人民政府部署，村里推行新型合作医疗（简称“新农合”）制度。按个人交费和国家补贴筹集“新农合”经费。章程规定，村民在定点医院就诊和住院，给予补贴。随着“新农合”制度的日益完善，村民的医疗补贴和住院报销比例逐步提高。“新农合”使村民有了医疗保障，得到村民的拥护，全村村民参保率达 100%。

◉ 联产承包责任制在古现东村的推行

1983 年春，东村开始推行农业生产责任制，将全村 1552 亩耕地按人口分配承包到户，由生产队统一耕种，个人管理收获。当年 8 月，推行家庭联产承包责任制，土地划为口粮田和责任田两类，按人固定到户，长期经营。农户除完成税金、粮油征购任务和集体提留，其余收入归自己。

1984 年，土地承包基本结束，村集体与村民签订土地承包合同，土地承包期 15 年。责任田、果园、水库、机械以及村集体工副业承包给个人，收益“交够国家的，留足集体的，剩下的全是自己的”。土地属集体所有，不许买卖，但可以转包给别人经营。全村共签订承办合同 354 份，承包土地 1483.3 亩。实行家庭联产承包责任制后，粮食产量连年攀升，村民收入大幅提高。

1999 年，第一轮土地承包到期，东村对联产承包责任制进行巩固、完善，推行第二轮承包，承包期延长为 30 年。到 2002 年，古现东全面完成第二轮承包，全村共签订承包合同 358 份，合同承包土地 1337.16 亩，其中承包农田 1070.68 亩，租赁土地 266.48 亩，承包果园 96 亩。

◉ 古现东村老年节

每年农历九月九日是国家法定老年节，古现东村两委非常重视，把老年节作为弘扬中华民族传统、提倡孝老爱亲道德风尚、促进村民提高文明素质的一个重要节日来办。2005 年 9 月，投资建成村文化大院，设立了便于老年人开展文化娱乐活动的图书室、老年活动室等。村里还成立了老年秧歌队、文艺演出队，活跃老年人的文化生活。

2003 年起，村集体对男年满 60 周岁、女年满 55 周岁的老人每年发放 400 ~ 500 元的生活补助。另外上级财政每年还对 70 ~ 100 周岁以上的老人每人每年发放 300 ~ 4800 元不等的生活补助。

2012 年和 2013 年的老年节，村党支部、村委会组织慰问老年人，内容包括赠送慰问品，进行文艺演出等，中午组织老人举办一次茶话会和午餐会。2014 年以后，取消聚餐活动，改为每人发放 200 元慰问金。

第二届老年节荣获“好媳妇”“和谐家庭”者与村领导、演员合影

黄金河畔

附录

关于殷墟甲骨文的发现（摘录）

王宇信

殷墟甲骨文，是商朝后期（公元前 14 ~公元前 11 世纪）王室占卜记事之遗物。自一八九九年发现、购藏迄今，八十五年来出土十五万片左右。由于我国古代典籍中有关商代的记载较少，所以殷墟甲骨文成了研究我国古代历史弥足珍贵的第一手资料。

近年来，随着集大成式的甲骨著录《甲骨文合集》一书十三巨册的陆续出版，以及安阳又有大批甲骨出土和在陕西周原、澧西，北京昌平和山西洪赵等地不断有西周甲骨的发现，愈益引起了更多人对甲骨学的注目。这不仅促进了甲骨学和商史研究的进一步深入，也促进了甲骨学知识的普及，形成了一股不大不小的“甲骨热”。

因此，殷墟甲骨文一八九九年发现，是我国学术史上的一个重大事件。而它的第一个发现和购藏者王懿荣等人在我国学术史上，特别是在甲骨学史上做出了重要贡献，理所当然地应受到人们的尊重与怀念。但是，近年又有人旧事重提，对甲骨文的发现年代及它的第一个鉴定者提出了不同意见，引起了人们的兴趣。本文拟对这一问题，谈一些个人的看法，不妥之处，切望指正。

一、甲骨文的发现年代能提前到一八九八年吗?

我们这里所说的殷墟甲骨文的“发现”，是指亲自鉴定甲骨实物，因目睹文字而认识它的价值，并把它作为珍贵文物有目的地进行搜集和研究。从这个意义上说，甲骨文的发现应是一八九九年从王懿荣开始。关于此，胡厚宣先生《五十年甲骨文发现的总结》（第二十～三十五页）、《殷墟发掘》（第十一～十三页）和陈梦家《殷墟卜辞综述》（第一～三页）等书论述颇详，早已为学术界所公认。但基本与王懿荣同时，作为甲骨最早发现者之一的王襄，晚年对甲骨文发现年代提出了异议，说：

“世人知有殷契，自一八九八年始（即清光绪二十四年）”（《簠室殷契》，《历史教学》一九八二年，第九期），并得到了一定的反响。甲骨文究竟在哪一年发现，只要我们将有关当事人的记述文字稍加排列分析，就不难得出明确结论。

王汉章在一九三三年《河北第一博物院画报》（第五十期）上发表的《古董录》一文追述说：

回忆光绪己亥庚子间……估（笔者按：好古董商）取其一稍大者，则文字行列整齐，非篆非籀，携归京师，为先公述之，先公索阅，细为考订，始知为商代卜骨。至其文字，则确在篆籀之前，乃畀以重金，嘱令悉数购归。

这是关于王懿荣搜集、鉴定甲骨较为全面的记述。虽然他最早鉴定、搜购甲骨，但自己并没有留下什么有关于此的文字。我们只能根据他后人的追记并参照与他同时人的记录，来考证他发现与搜集甲骨的时间。王汉章（崇焕）是王懿荣的儿子，这篇文章写于王逝世（一九〇〇年）以后的三十四年。王懿荣发现甲骨时，王汉章也不过才十多岁，因此他的记述当是从其父生前故旧处听来的。文中把甲骨发现之年笼统说成是“光绪己亥（一八九九年）庚子（一九〇〇）”，就说明他作为非当事人，所听传闻有含糊不确之处。但我们从与王懿荣同时代人的甲骨著述中，还是可以找到较为确切的时间记载的。

《铁云藏龟》是我国甲骨学史上的第一部甲骨著录书，此书乃刘鹗于一九〇三年从其收藏甲骨五千多片中选拓编成。刘鹗所藏甲骨，就包括了王懿荣死后所售出的全部藏品。罗振玉在为《铁云藏龟》所写的“序言”中说：

……至光绪己亥而古龟古骨乃出焉……

他是把光绪己亥（即一八九九年）作为甲骨的发现与收购之年的。刘鹗为此书写有“自序”，也说：

龟版已亥岁出土在河南汤阴县属之古羑里城……

此序作于光绪癸卯年九月。癸卯为一九〇三年，已亥为一八九九年，相距不过五年。虽然他关于甲骨出土地受古董商之骗而误信为羑里（此说直到一九〇八年才为罗振玉在《殷墟古器物图录》一书“序”中揭穿），但基本上作为与王懿荣同时人的刘鹗，所记甲骨发现的时间当是可信的。因此，《铁云藏龟》罗振玉和刘鹗序中所记甲骨发现时间相同，都为光绪已亥（一八九九）年。这就较三十多年后王汉章追述的“已亥庚子间”要为确切了。还有一些书中也谈到已亥年（一八九九年）发现甲骨之事，就不在此一一罗列了。我们只举晚年持不同看法的王襄早年的记述看看也就够了。

王襄也是早期甲骨购藏家之一。他在一九二五年编辑出版的《簠室殷契征文》一书“序”中说：

自清光绪已亥下迄民国纪元，此十四年间所出甲骨颇有所获，往年编《殷契类纂》兼及旧藏……

他所说的光绪已亥（一八九九年）至民国纪元（一九一二年），正好是十四年。因此，《簠室殷契征文》一书虽较《铁云藏龟》一书晚出了二十多年，但作为当事人的王襄在“序”中所追述的甲骨发现之年与《铁云藏龟》罗、刘序中所说的年代还是认识相同的。

自《簠室殷契》和《〈簠室殷契〉跋》将甲骨文发现时间“提前”以后，有人在《也谈甲骨文的发现》（《光明日报》，一九八三年十一月五日）文章中，提出流传的甲骨文发现于“清光绪二十五年”的说法“时间较晚”了。那么时间应“较早”到什么时候呢？我们不妨引述一段该文看看：

一八九八年潍县古董商人范寿轩到天津出售古物之时，向王襄、孟定生等知识分子请教，而孟定生等判断可能是古代简策，促其前往收购。一八九九年范寿轩由小屯村购回甲骨，带到天津，请王襄、孟定生等鉴定，始确定为古代文物与古文字，甲骨文就是这样被发现和鉴定的。

此文所说的甲骨文发现之年也是模棱两可的。究竟是一八九八年还是一八九九年？其实，此文所说范估带甲骨至天津的一八九九年，与本文中所说的“清光绪二十五年”本是一回事。如果真像作者所说甲骨文发现于“清光绪二十五年”、“时间较晚”了，那自然就应是文中所述一八九八年范估向王襄、孟定生等知识分子“请教”之时。但细揣上述引文，就是作者本人也并不认为这“请教”之年就是将甲骨“始确定为古代文物与古文字”之年的。

凡此种种，我们从有关甲骨发现者的同时人、后人留下的记述，经过认真地分析、比较和研究，只要有实事求是之心，就不难得出公正的结论：甲骨文确是发现于一八九九年，而不能人为地“提前”到一八九八年。

二、甲骨文发现者王懿荣等及其他

关于甲骨文的第一个购藏者，董作宾在一九三〇年《史语所集刊》（二本二分）上所刊载的《甲骨年表》“己亥，清光绪二十五年，西历一千八百九十九年”栏下曾记：

山东潍县古董商人范维卿，初以安阳小屯村出土的甲骨文字介绍于世，先是，小屯此地滨洹水的农田，常有甲骨发现，村人李成捡拾之，售于药店，谓之龙骨，经过数十年，本年范估才开始收买若干片，献于端方。

对王懿荣是甲骨文最早购藏者之一，是有不同看法的。文中说：

相传安阳小屯殷故墟出土的甲骨文字，为王懿荣所发现，但据村人所言，初购求者为古董商人范维卿。范为端方搜买古物，往来武安彰德一带，见甲骨刻有文字，购若干片献端方，端喜极，每字酬以价银二两五钱，范乃竭力购致。村人至今以为美谈。据访闻，今端方家出售古器物，有甲骨文字，可证村人之言不虚。王懿荣得自北京在次年（笔者按：即一九〇〇年），为时较晚。

学术界曾一度流传甲骨的第一个购藏者为端方。但据陈梦家的研究，《洹洛访古记》（上，十二页）说：“至近三年（谓宣统元年以来）余兄（笔者按：即罗振玉）专意收此，京客东客所有，无不留之。继之者为端午桥（笔者按：即端方）。其余好古之士如沈子培方伯亦尝购之。”《甲骨年表》（页九、十五）说，“一九〇四年范氏又得一千块，到长沙售归端方”。指出：“我们以为端方收藏甲骨当作王、刘（笔者按：即王懿荣、刘鹗）之后，与罗同时或前后，即当光绪的末叶”（《殷墟卜辞综述》第六五一页）。因此，端方不是第一个购藏甲骨者。

也有以刘鹗为第一个认识和购藏甲骨者的。汐翁在一九三一年《华北日报华北画刊》（第八十九期）上发表的《龟甲文》说：

丹徒刘铁云客游京师，寓福山王懿荣正孺私第……铁云见龟版有契刻篆文，以示正孺，相与惊讶。……铁云历遍诸肆，择其文字较明者购以归。

一九三七年重编的《甲骨年表》在己亥年（一八九九年）栏内，据此增补了刘鹗鉴定、购藏甲骨的记事。其实，一八九九年王懿荣开始收购甲骨，很少为外人知晓，王国维曾记甲骨“初出土后，潍县估人得其数片，以售之福山王文敏懿荣（闻每字银四两）。文敏命秘其事，一时所出，先后皆归之”（《最近二三十年中中国新发现之学问》，《学衡》，四十五期）。陈梦家据刘鹗《抱残守缺斋日记》辛丑十月二十八日（一九〇一年）条指出：“在王氏生前，刘氏似乎并未看到他的甲骨，当时王氏对此秘藏并不示人。”并说：“刘氏只相信王氏在庚子年买了两批。”而对一八九九年王懿荣购藏第一批甲骨之事就不甚了了（《综述》，第六四七页）。因此，刘鹗不大可能于一八九九年在王懿荣处“见龟版有契刻篆文”，发现并去“诸肆”购藏甲骨文。刘鹗开始购藏甲骨，据他《抱残守缺斋日记》辛丑十月二十日所记“晚点龟骨共千三百版”言，当较王懿荣为晚，时在一九〇一年左右。

甲骨文在一八九九年被发现认识后，第一个购藏者应是王懿荣。刘鹗在《铁云藏龟》自序中说得很清楚：

既出土后，为山左估人所得，咸宝藏之，冀获善价。庚子岁，有范姓客，携百余片走京师，福山王文敏公懿荣见之狂喜，以厚值留之。后有潍县赵君执斋得数百片，亦售归文敏……壬寅年，其哲嗣汉辅观察售所藏，清公夙债，龟版最后出，计千余片，予悉得之。

虽然刘鹗记王懿荣始购甲骨的时间迟后了一年，但并没说他本人就是甲骨的第一个购藏者。刘鹗的好友罗振玉一九〇一年曾在其家见到所藏甲骨，为其墨拓并促其编为《铁云藏龟》出版。罗振玉在一九一〇年出版的《殷商贞卜文字考》自序中，也是把王懿荣作为购藏甲骨的第一人的：

光绪已亥，予闻河南之汤阴发现古龟甲兽骨，其上皆有刻辞，为福山王文敏公所得，恨不得遽见也。

罗振玉是王懿荣、刘鹗等人之后的著名甲骨收藏家，他从一九〇七年开始收藏，直到一九四〇年去世时，先后收藏达三万片之富（参看胡厚宣《五十年甲骨文发现的总结》第二十六～三十三页、《殷墟发掘》第十八～二十五页、陈梦家《综述》第六四九～六五一页），为甲骨学的建立做出了重大贡献。他早就留意于此学，说甲骨最早收藏者为王懿荣，当非虚语。

虽然如此，王襄作为甲骨文的最早发现者之一，在甲骨学史上还是应有一定地位的。他的《簠室殷契类纂》和《簠室殷契征文》二书，是甲骨文研究第一时期（即一九二八年以前的非科学发掘时期）后一阶段的两部重要著作。关于此，崔志远《王襄及其甲骨文研究》（载《天津社会科学》一九八二年第五期）已作评介，我们就不再妄评了，特别是王襄收藏甲骨的曲折历程和他保护祖国文化珍品的爱国主义精神和民族气节（见《〈簠室殷契〉跋》所述），是永远值得我们尊敬和学习的。

总之，我们不能像过去那样，长期忽视王襄、孟定生作为甲骨发现者之一在甲骨学史上的地位。但也不能矫枉过正，把甲骨发现之年提前到一八九八年，从而否定另一位甲骨最早发现者王懿荣。我们更不能以他是“当时在北京的大官僚”，不公正地对待他。其实，王懿荣在一九〇〇年八国联军攻陷北京后，以身殉职，是一位伟大的爱国主义者。现在，党和人民已把他列入历史上爱国主义者的英雄行列。

（原载《殷都学刊》1984 年第 4 期）

烟台福山鲁菜的形成与创新

宋志刚

民以食为天。人类从起源、进化至今，始终与不断探索饮食相伴而行，历经沧桑，形成世界三大菜系：中国菜系、法国菜系、土耳其菜系。中国菜系在清朝初年形成鲁菜、川菜、粤菜、苏菜四大菜系，清朝末年又衍生发展为鲁菜、川菜、粤菜、淮扬菜、湘菜、徽菜、闽菜、浙菜八大菜系。鲁菜是中国菜系之首，是北方菜的代表。烟台福山菜、济南历下菜和济宁孔府菜是鲁菜三大支柱。2001 年 10 月，中国烹饪协会批准福山区冠名“山东烟台福山——鲁菜之乡”；2014 年 5 月，中国烹饪协会又授予烟台市“中国鲁菜之都”荣誉称号。当今世界，政治多极化、经济全球化、科技日新月异，东西方文化相互碰撞、融通，饮食文化更是频繁交融、相互吸收、分化重组。烟台福山鲁菜文化如何在竞争日趋激烈的情况下，传承创新、与时俱进，再攀新高峰，永远立于不败之地，是摆在烟台福山人面前时不我待的重大现实课题。

历史形成

烟台福山鲁菜文化产生、发展经历了一个漫长而曲折的演化过程。据福山出土文物考证，早在 6000 年前新石期时期，福山烹饪已经进入雏形阶段；春秋战国时期，福山开始使用精美的饮食器具，掌握多种烹饪技法；唐宋时期，福山烹饪趋于成熟，讲究宴席礼仪；明朝以后，福山名菜佳肴，从民间走进宫廷王府，供帝王享用，又有多种名菜名点，从宫廷流入福山，丰富了福山菜的品位；清朝初年，福山菜风格基本形成，成为鲁菜文化三大发源地之一。1861 年，烟台开埠后，烟台福山鲁菜文化遍播大江南北，享誉海内外。

形成因素 自然地理环境、气候物产，悠久历史文化、习俗风情，建置沿革及其经

济发展是烟台福山鲁菜文化形成的三大因素。

1. 自然地理环境、气候物产是烟台福山鲁菜文化形成的客观物质基础。巧妇难为无米之炊。烟台福山位于胶东半岛中部、濒临黄渤海，具有依山傍海得天独厚的自然地理禀赋，为烟台福山鲁菜提供了丰厚的食材资源和良好的气候条件。（1）浩瀚的海域为鲁菜提供了独具特色的海产品主要食材。烟台海域面积大，海岸海岛线长，岛、湾、滩等星罗棋布，盛产上千种海洋生物。据不完全统计，浅海鱼类有带鱼、鲅鱼、小黄鱼、黄姑鱼、加吉鱼、鲐鱼、鲈鱼、梭鱼、鲳鱼、牙片鱼、鳎米鱼、片口鱼等 100 多种；贝类有鲍鱼、天鹅蛋、牡蛎、扇贝、虾夷扇贝、大竹蛏和文蛤类等 200 多种；虾类有对虾、竹节虾、桃花虾、鹰爪虾、爬虾等几十种；浅海植物有紫菜、裙带菜、海带等 700 多种。其中，久负盛名、令人垂涎的海珍品有海参、对虾、鲍鱼、海胆、海肠、扇贝、加吉鱼、牙片鱼、鲳鱼、梭子蟹、赤甲红蟹等十几种。独特而珍贵的食材资源是菜系形成的先决条件。烟台福山富饶的海产资源为“以烹饪海鲜见长，尤以善烹小海鲜、堪称一绝”鲁菜风格的形成奠定了坚实基础。（2）广袤的陆域为鲁菜提供了粮油、肉蛋、果蔬辅助食材。烟台地貌特征为低山丘陵区，山峦起伏和缓，沟壑纵横交错。其土壤肥力水平较高，保水保肥能力中等，可以满足各种农作物、蔬菜和林果等植物生长，是烟台人祖祖辈辈赖以生存的基础。粮食类主要有小麦、玉米、大豆、花生、土豆、地瓜等十几种；肉蛋类主要有牛、羊、驴、猪、兔、鸡、鸭、鹅及飞禽走兽肉蛋等几十种；果蔬类主要有烟台大樱桃、苹果、莱阳梨、葡萄、蓝莓、鲜桃、红柿、杏子、山楂、西瓜和大白菜、黄瓜、西红柿、芸豆、芹菜、韭菜、紫苏、香菜、葱、姜、蒜等近百种。（3）良好气候特征为烟台福山鲁菜形成适宜的风格特色。烟台福山属暖温带季风型大陆性气候，四季变化分明与季风进退明显，年平均降水量 659.2 毫米；海洋对气候的调节作用显著，具有温度适宜、空气湿润等特点，年平均气温 12.2 摄氏度，冬无严寒、夏无酷暑。这种温润气候特征，是烟台福山鲁菜形成“清淡”特色不可或缺的优越条件，与受潮湿气候影响的“麻辣”川菜、“辛辣”湘菜特色形成鲜明对照。

2. 悠久历史文化、习俗风情是烟台福山鲁菜文化形成的主观决定因素。人是历史文化的创造主体，亦是习俗风情的形成主体。（1）烟台福山早期文明发祥是其鲁菜文化形成的历史背景因素。一方水土养一方人。烟台自古是胶东半岛的主体区域，是中国古代早期文明发祥地之一。一万年以前，就有人类在这里繁衍生息；距今 7000 年以前，以海上捕捞和农业生产相结合为主要谋生手段的白石村和邱家庄、臧家庄人等，创造了胶东灿烂的史前文化；夏商周时期，胶东是东夷族人活动的主要地区之一，东夷人既有着发达的渔业和盐业，也有着活跃的商品流通，出土于莱州春秋战国初期的“管仲煮盐锅”是胶东盐业悠久历史的见证。公元前 567 年，齐灭莱后，烟台属东莱郡；公元前 221 年，秦始皇统一中国后，烟台先后属齐郡、胶东郡，至此，烟台完全融入中华文明之中，这是烟台福山鲁菜文化得以长足发展的历史背景。（2）烟台福山鲁菜文化自身演进是其鲁菜文化形成的内在因素。据发掘出土的“白石村文化遗址”和“邱家庄文化遗址”文物表明，原始社会后期先民们除了主要采集植物、种植农作物小麦、水稻等作为食物外，还以捕捞海贝等海产品为食，开创了以海鲜为主要烹饪原料的先河。与此同时，勤劳智慧的先民们还发明了制陶技术，能烧制出美观绚丽的彩陶和举世闻名薄如蛋壳的黑陶。烹饪原料的拓展和饮食器具的创新提高了境内原始人类的烹饪水平，开始形成“善烹海鲜”的饮食文化风格。古代东夷人夙沙氏煮海水发现盐，至春秋时期，沿海煮盐技术普及。盐为百味之首。盐的发现和广泛使用，为鲁菜文化发展带来第一次质的飞跃，对于烟台福山鲁菜形成以“咸鲜”为核心的风格特色具有决定性的意义。正如《黄帝内经》记载：“东方之域，天地之所始生也。鱼盐之地，海滨傍水，其民食鱼而嗜咸。皆安其处，美其食。”福山冶铁业历史悠久，春秋战国时期位于福山古现的牟子国故城就有炼铁遗址。冶铁业的发达，提供了廉价适用的炊具和厨具，为烹饪技术的发展创造了有利条件，如铁锅轻巧耐高温，使烧、爆、炸、炒等技法得以运用；铁制刀具比铜刀更锋利，有效地改进了厨师刀工技艺，为烹制火候菜奠定了基础。刀功和火候是烹制“脆嫩”菜品特色的关键，是鲁菜文化发展第二次质的飞跃。1909 年，日本味之素（味の素）公司发明味精并申请专利，但早在明朝时期，福山厨师最先研制海肠粉作为调味品，既极大地提高了菜品的鲜度，又保持了菜品的“原汁原味”，为鲁菜进入宫廷、走向世界抢占了先机，是鲁菜文化发展第三次质的飞跃。（3）烟台福山浓郁习俗风情嗜好是其鲁菜文化形成的直接因素。烟台福山人传承东夷族独特的地域山海文化，注重饮食，自古就有“三辈子学吃、五辈子学穿”之说，形成了质朴的“家家会吃、人人善烹”的民风民俗嗜好，千百年来，涌现出一批又一批身怀绝技的国际鲁菜大师；又深受齐鲁文化影响，讲究礼仪、热情好客、注重迎来送往，宴饮之风盛行，酒楼饭馆林立于城内，为鲁菜文化的形成奠定了深厚的群众基础。烟台民间谚语“要想吃好饭，围着福山转”，即是福山讲究饮食文化最生动真实的写照。期间，厨师专业人才的脱颖而出和队伍壮大是鲁菜文化形成的关键推手，胶东民间广泛流传的口头禅“东洋的女人、西洋的楼，福山的厨师压全球”，充分验证了这一点。

3. 建置沿革及其经济发展是烟台·福山鲁菜文化形成的重要支撑和推动力量。（1）行政建置沿革是烟台福山鲁菜文化形成的重要支撑。福山秦朝置腄县，辖胶东半岛东部的栖霞、牟平、威海、荣成、文登、乳山、海阳等地；唐朝置清阳县；金代置福山县。1913年民国设胶东道，治所在福山县，辖胶莱河以东全部、以西部分共26个县。1934年1月，民国山东省政府建立烟台特别行政区，至此，烟台脱离福山县，独立建置。1958年10月，烟台专区成立，福山县隶属烟台专区管辖。1983年11月，烟台地改市，福山县改为福山区至今。2000多年来，福山一直为县级建制，是名副其实的千年古邑；烟台则在近代以来逐渐演化为国内外知名的地级城市，烟台和福山政治、经济、军事、文化等区域中心地位，为汇聚各种饮食资源，形成烟台福山鲁菜文化发挥了重大作用。（2）经济发展是烟台福山鲁菜文化形成的重要推动力量。福山自古海陆交通发达、客商云集、商业繁华。境内现存十里堡、三十里堡村就是历史上官府重要驿站，烟青一级公路、206国道乃是秦朝设立的驿道古路；福山还是地处三大港口的海防县，古代芝罘湾、八角、登州港曾为历史上对外贸易与交流口岸，是古代北方海上“丝绸之路”的重要港口，港口贸易十分活跃。海陆交通为福山经济发展提供了可靠保证，推动了福山鲁菜文化的交流与发展。1861年，烟台正式开埠，是山东省最早的对外通商口岸。1862年，登莱青道署由莱州移驻烟台，同年设立东海关。此后，英、法、美等17个国家陆续在烟台设立领事馆，并在烟台山下建立洋行、银行、邮局、教堂、医院、旅馆和俱乐部等。与此同时，烟台港的货物在大庙前的“烟台街”交易，很快发展为贸易中心；内地大批劳动力亦开始向沿海流动并在烟台聚居。随着人口的增加，烟台的地域范围也逐年扩大。以烟台山及朝阳街为中心，呈扇形向东、南、西3个方向拓展，涵盖奇山社、“烟台街”，形成了一个发达的新型商业城区，曾一度成为山东贸易中心。商埠区的膨胀发展，极大地刺激了烟台鲁菜文化的繁荣，蓬莱春、松竹林、吉升馆、桃李园、聚香园、致美斋、全福楼、克利顿饭店等几十家酒楼饭馆如雨后春笋般发展起来。“灯火家家市，笙歌处处楼”，是历史上对烟台福山鲁菜文化兴盛的生动写照，标志着餐饮业进入鼎盛时期。

文化特色 迄今为止，烟台福山鲁菜文化在长期丰富、发展过程中，形成了独具特色的风格特点，具有很高的价值内涵。

1. 风格特点。综上所述，烟台福山鲁菜在风味、烹饪技法方面形成独特的风格，创造出数量众多、闻名遐迩的传统名菜、名点。

风味特点：咸鲜、清淡脆嫩、原汁原味。与川菜的“麻辣、一菜一格、百菜百味”，粤菜的“鲜活、山珍海味、开刀即烹”，苏菜的“甜鲜、浓淡相宜、清雅多姿”风味特点迥然不同。

常用烹饪技法：烧、爆、炸、溜、蒸、炒、煎、扒、焖、烤、炝、烩、氽、熏、拌等。

传统名菜：葱烧海参、扒原壳鲍鱼、油爆海螺、炸蛎黄、糟溜鱼片、清蒸螃蟹、清蒸加吉鱼、韭菜炒海肠、芙蓉干贝、爆炒天鹅蛋、烩乌鱼蛋汤、辣根海胆、苜蓿蛏子、溜黄菜、扒鱼腹、温拌蛰头、爆炒腰花、熘肝尖、福山烧鸡、锅烧鸭子、海味全家福、三鲜荠菜小豆腐、拔丝苹果、三不沾等。

传统名点：福山大面、蓬莱小面、三鲜水饺、鲅鱼水饺、对虾小笼包、肉丁包子、三鲜馄饨、海鲜疙瘩汤、韭菜盒子、椒盐烤饼、家常饼、盘丝饼、杠子头火烧、烟台焖子、福山大枣饽饽等。

2. 价值内涵。烟台福山鲁菜为烟台乃至全省、全国经济社会发展、人民生活幸福，做出了卓越的贡献，具有重要的历史、文化、科学、美学和产业价值。（1）历史价值。烟台福山鲁菜与陆地、海洋有着密切的联系，与当时政治、经济、文化息息相关，每道菜品的形成都带有时代的烙印，是研究历史文化和饮食文明的活化石。（2）文化价值。烟台福山鲁菜体现了鲁菜之乡、鲁菜之都礼仪之邦、热情待客、注重礼节的传统美德，融入了中华文化“天人合一”基本思想和儒家“中庸平和”、道家“阴阳五行”的养生观。（3）科学价值。烟台福山鲁菜讲究营养、重视本味，体现了食物自然之味，因人、因时、因需搭配菜肴，既丰盛又适口，彰显了科学性。（4）美学价值。烟台福山鲁菜汲取山海之灵气，传承人本之精神，特别讲求色、香、味、形俱佳，每道经典鲁菜都是精美的艺术品，令人赏心悦目、馋涎欲滴。（5）产业价值。餐饮业是第三产业的重要组成部分，2013 年烟台市实现餐饮收入 157.62 亿元；餐饮业与旅游业高度结合，极大地促进了旅游业的快速发展，2013 年全市共接待游客 5003.51 万人次，综合收入实现 543.05 亿元。

传承创新

创新是一切事物发展的不竭动力和源泉，是一个民族进步的灵魂。烟台福山鲁菜文化延续昔日的荣耀，必须在全面继承传统风格特色、切实提升经典菜肴技法的前提下不断地创新、丰富、发展，使“鲁菜之乡”“鲁菜之都”的荣誉称号更加璀璨夺目，永远屹立于中国乃至世界菜系文化之林。

在鲁菜文化理念上传承创新，体现超前性、人本化

1. 始终坚持“以人为本”理念。把人的饮食需求放在核心位置，满足一切人和人一切

的喜好，做到“看客下菜碟”，力避不分市内市外、省内省外、国内国外及男女老幼千篇一律，一张菜单笑迎八方来客。

2. 始终坚持“兼收并蓄”理念。既不妄自菲薄，又不夜郎自大，在保持传统核心特色的基础上，海纳百川、博采众长，全方位学习国内外先进的饮食文化，不断丰富、提升烟台福山鲁菜文化水平，做到“你无我有、你有我优、你优我特”。

3. 始终坚持“与时俱进”理念。世界在变，人亦在变，鲁菜文化必须跟上时代步伐。传统菜品讲求以“味”为核心的感性“色、香、味”俱佳，现代追求以“养”为核心的理性“色、香、味、形、意、养”兼备，近年来人们又对饮食卫生、温度提出苛刻诉求，这就倒逼鲁菜文化创新必须走在前面，并且永无止境，不进则退，小进、慢进也是退。

在食材调料采用上传承创新，体现广泛性、优质化

1. 广泛采用食材调料是前提。在充分发掘、利用本土传统食材调料潜能的基础上，广泛采用国内外优质食材（包括药材）调料，增加花色品种，优化菜品结构（包含药膳保健功效），既能让本地人享用世界美味，了解异域风情，又能使四海来宾尝到其家乡菜肴，增添亲切感，完美体现烟台开放包容、浪漫时尚的山海文化情怀。

2. 准确把握采用食材四要素。“食材好，方能食得好”。一是地域正宗。正宗食材标注国家地理产品专用标志和防伪标识，选之可保证其品质。二是品貌美观。按食材外观色泽、饱满度、尺寸大小等标准挑选观赏度高的上等食材。三是营养价值。采用纯天然有机的食材，有益健康、滋养生命。四是文化内涵。好食材蕴涵历史文化，可平添美食意境。

3. 科学合理运用调料七味道。调料所添加味道大致七种：咸、鲜、酸、甜、苦、麻、辣，俗话说：“酸、甜、苦、辣都是补”。烟台福山鲁菜突出“咸、鲜”，是其魅力所在，如果兼顾“酸、甜、苦、麻、辣”，既能增加人体营养成分，又能丰富舌蕾韵味。具体可运用西味中烹、南味北烹、果味菜烹、旧味新烹、多味复烹等方法创新口味

在烹饪技术方法上传承创新，体现先进性、多样化

1. 运用鲁菜传统烹饪技法烹制异地食材。烟台福山鲁菜善烹本土海鲜，风味独特，但本土海产品虽营养价值高，形体却不大，很难烹制出既味美可口，又形姿硕大，具有震撼的菜肴。要打破本地烹饪技法烹制本土食材的习惯做法，创新烹制形体大、色泽艳、营养高的热带、深海水产品，切实达到“色、香、味、形、意、养”俱佳的最新境界。

2. 使用川粤苏菜烹饪技法烹制本土食材。川菜善用麻辣，百菜百味，变化万千，成为寻常百姓喜爱菜肴；粤菜善于开刀即烹，现场制作，色鲜味美，故有“食在广州”美誉；

苏菜浓而不腻、淡而不薄，造型别致，常出现在国宴菜单上。鲁菜要扬长避短，创新烹饪技法，迫在眉睫，不然就会落伍，甚至丢掉中国菜系之首桂冠。

3. 尝试采用西式快餐模式创制鲁菜快餐。烟台福山鲁菜虽然制作精细，底蕴深厚，但过程复杂、时间冗长、品种繁多，不适应现代快节奏生活，可采用西式快餐模式创新中式鲁菜主题快餐，工厂化集约生产成品食料、现代化快餐店式连锁经营、标准化流程操作调制、快捷化休闲饮食、人性化优质服务，使快餐遍布写字楼、商场、机关、学校、医院、广场、旅游等场所及周边，让新颖、实惠、便利、时尚效果可期。

在面点菜品名称上传承创新，体现地域性、高雅化

1. 一般面点菜品命名要具备三大要素：地域、烹饪技法和食材名称，如北京烤鸭、扬州炒饭、兰州拉面、烟台焖子、福山大面、德州扒鸡等，家喻户晓、人人皆知，品牌效应十分明显。烟台福山鲁菜命名要尽最大可能具备三要素，如烟台葱烧海参、葱烧芝罘岛海参、福山煎烹对虾、扒长岛原壳鲍鱼、油爆崆峒岛海螺、韭菜炒养马岛海肠、清蒸莱州肥蟹等。

2. 寓意菜名要注明地域、食材及来历。像扬州的狮子头、福州的佛跳墙、浙江的龙凤呈祥、湖北的孔雀开屏、烟台的翡翠白玉和金玉满堂等，除餐饮业内人士外，其他人员很难知晓其地域、食材及来历，宴饮之时不但想不到这些菜品，更无法品评其历史文化渊源，因而要备有简要介绍卡片，以达到应有之内涵氛围。

3. 新创面点菜品名称要高雅、贴切。新创面点菜品起名除具备三要素外，还要高雅、贴切，既突出传统文化本色、一目了然，又避免猎奇、晦涩、低俗。像芙蓉干贝、雪花鱼骨、扒珊瑚白菜卷等菜名既雅致又明了；像乱棍打死猪八戒、油煲一夜情、东北杀猪菜等菜名就显俗气、模糊。

在炊餐器具选择上传承创新，体现时代性、高端化

1. 炊餐器具选择遵循三大原则：安全卫生、协调实用、美观大方。安全防火可靠、卫生无毒无害是基本前提，统一协调、方便实用是必要条件，时尚美观、高贵大方是审美需要。这三大原则要贯穿选购、使用、维护等各个环节，标准要高、管理要严，跟不上形势、达不到要求的炊餐器具应及时淘汰、更新，确保万无一失。

2. 炊具选择要特别注重功能性。炊具无论是烹调主要器具，还是储藏、洗涤等辅助器具，要选择国内外最先进的高档产品，功能要齐全，满足烹调各种面点菜品需求；性能要优良，达到最佳烹调效果；耗能要低下，符合节能环保标准，达到事半功倍效果。

3. 餐具选择要特别突出适应性。餐具要选择适应度强的高端产品，颜色适应菜品色泽需要，突出菜品本色，起到陪衬作用；形状适应菜品形意需要，器随菜品形姿变化，起到烘托作用；品种适应客人进餐需要，碟碗筷勺刀叉杯齐全，起到便利作用；功能适应菜品保温需要，保持恒定温度，起到保健作用。

在宴会交际效果上传承创新，体现趣味性、适度化

1. 准确安排宴会座次。准确安排宴会座次是确保宴会良好效果的前提和基础，座次安排错误，很容易引起误会。主陪、主宾与副主陪、次主宾对称而坐，其他陪客人员和客人按性别、职业、关系等交错搭配安排座次，便于沟通、交流、服务，使宴会在和谐、融洽气氛中进行。

2. 合理增添宴会趣味。宴会在亲切交谈、品尝美味佳肴过程中，主陪要适当得体地简要介绍烟台历史、随机讲述鲁菜文化、真诚表达友谊感情，增添宴会内涵情趣，不断拉近宾主距离，使宴会在温馨、惬意气氛中进行。

3. 适度营造宴会氛围。宴会还要根据不同客人情况和特殊需求，安排一些特别项目，比如配合点播优雅音乐、播放喜好风景片、展示与交际有关的资料和图片等，使宴会在时尚、浪漫气氛中进行。

在餐饮行业管理上传承创新，体现规范性、标准化

1. 规范食材调料市场秩序。食材调料市场秩序是烟台福山鲁菜文化创新的根本保证。加强食材调料市场的监管，确保食材调料安全卫生；拓展食材调料市场货源，保证食材调料供应充足；提高食材调料质量和档次，满足烹饪创新需求。

2. 加强酒店经营服务管理。酒楼饭店经营服务是烟台福山鲁菜文化创新的重要支撑。要牢固树立“客人至上”理念，为客人提供“色、香、味、形、器、意、养、温”俱佳的面点菜品和“宾至如归”热情周到的一流服务，叫响“山海情怀，吃在烟台”“琅嬛福地，吃在福山”品牌。

3. 提高厨师队伍创新能力。厨师是烟台福山鲁菜文化创新的生力军。要严把“入口关”，把身体健康、淳朴忠厚、责任心强和具有烹饪天赋的优秀人才选配到厨师队伍；加强厨师饮食文化理论学习和烹饪业务技能培训，努力提高厨师队伍基本素质和创新能力，推动烟台福山鲁菜文化蓬勃发展。

在对外宣传推介上传承创新，体现统一性、品牌化

1. 统一全市对外宣传口径。中国菜系以省份命名，对外宣传冠名鲁菜是题中应有之

意；福山是鲁菜之乡，蕴含鲁菜悠久历史文化；烟台是鲁菜之都，承载鲁菜未来发展梦想，将“烟台福山鲁菜”作为对外宣传统一口径，三位一体、资源集聚，有利于提高烟台福山鲁菜文化的知名度、美誉度。

2. 规范面点菜品推介品牌。烟台福山鲁菜原有和新创面点和菜品，要按照命名三要素进行规范，统一名称、严格标准、形成品牌，广泛强力推介，使之深入人心，切实提高烟台福山鲁菜品牌效应。

3. 建立统一协调体制机制。政府职能部门和烹饪协会等社会组织，健全完善全市统一、上下一心、协调一致的领导体制机制，齐心宣传推介，协力创新发展，努力把烟台福山鲁菜文化打造成国内领先、世界一流的国际品牌，推动烟台福山鲁菜文化向文化鲁菜的嬗变。百舸争流，奋楫者先。相信，创造烟台福山鲁菜文化辉煌历史的烟台福山人民，一定能再接再厉、开拓创新，谱写烟台福山鲁菜文化更加灿烂的美好篇章。

◉ 主要参考文献

1. 吕伟达 :《王懿荣与王氏家族》，黄海数字出版社，2015 年。

2. 田明宝 :《烟台区域文化通览》，人民出版社，2016 年。

3. 于庆山 :《鲁菜之乡》，长城出版社，2004 年。

4. 山东省烟台市福山区史志编纂委员会 :《福山区志》，齐鲁书社，1990 年。

5. 中共烟台市福山区委党史研究室 :《中共福山地方史》，中国文化出版社，2008 年。

6. 吕伟达 :《牟国磁山》，中国文联出版社，2006 年。

7. 吕伟达 :《福山明清七十五进士传》，长城出版社，2006 年。

8. 吕伟达 :《福山明清举人传》，黄海数字出版社，2011 年。

◉ 编纂始末

古现东村历史悠久，文化底蕴深厚，历史上曾出现过以甲骨文之父、爱国志士王懿荣为代表的诸多报国忠臣和文化名人。

为了记住乡愁，继承和发扬优秀传统文化，古现东村居委会经过慎重研究，并经全体党员和村民代表讨论同意，于 2008 年成立编委会，启动《古现东村志》的编纂工作。六易寒暑，数易其稿，反复征求专家、知情人及有阅历的村民意见，最后审定成书。全书共计 68.6 万字，配有大量的图表照片，于 2014 年 9 月由方志出版社出版。

2016 年，中国地方志指导小组办公室为全面贯彻习近平总书记、李克强总理、刘延东副总理关于地方志工作的指示精神，根据国务院办公厅印发的《全国地方志事业发展规划纲要（2015—2020 年）》，制定了《中国名村志文化工程实施方案》（以下简称《实施方案》）。根据《实施方案》的指导思想和编纂要求，烟台经济技术开发区组织部史志办向山东省史志办推荐《古现东村志》入选国家第一批中国名村志工程，并得到省史志办的大力支持。根据各级史志部门的指示精神，古现东村居委会于 2016 年 5 月，组织有关人员对《实施方案》进行了认真学习研究，按照《实施方案》提出的中国名村志的内容及编纂要求，对 2014 年版《古现东村志》进行了重新梳理。按照古现东村的特点，对原志书的资料进行了全面详细的审定和取舍。至此，中国名村志文化工程《古现东村志》工作全面启动。

2016 年 10 月 30 日至 11 月 1 日，中指办在安徽省绩溪县召开了“中国名村志文化工程启动会暨业务培训会”，省史志办组织烟台经济技术开发区组织部史志办、古现东村 4 名编纂人员参会。参会人员认真学习会议精神和《实施方案》，并聘请刘建国主任担任《古现东村志》主编。会议结束后，编纂人员在专家的指导下，对志书按照《实施方案》确定的《中国名村志丛书凡例》《中国名村志基本篇目》《中国名村志丛书编纂规范》的要求，重新进行篇目设计。与此同时，对入志资料进行采集、查阅、核实、取舍和归纳分类，并进行志书的起草工作。到2016年年底，基本上形成了志书初稿。在此过程中，主编和编纂人员根据对史料的掌握和探讨，不断地对篇目进行调整。

2017年3月8—10日，中指办在上海市金山区召开了“中国名村志文化工程篇目论证会暨编纂业务培训班”，烟台经济技术开发区组织部史志办、古现东村3名编纂人员参会，《古现东村志》被列入会议的讲评志书。参会人员认真学习会议精神，学习专家的指导讲课和优秀篇目讲评，听取专家的指导意见，学习外地优秀村志编纂经验，提高了自身业务素质。会议结束后，编纂人员对篇目设计查找不足，进行了认真的修改完善，针对发现的问题，在体制、格式、内容、文字、图表等方面，对照规范要求，认真推敲、打磨，反复审核，力求准确、规范。到2017年4月底，全书总纂基本完成，其后进入查漏补缺和审阅工作。

在志书的编纂工作中，主编及全体编纂人员抱着对历史负责，对工作负责的态度，克服多种困难，甘于寂寞，长期坚守，认真负责，兢兢业业，一丝不苟，扎实工作，为志书的编纂付出了大量心血。中指办陈旭处长多次协调指导，省史志办李刚、李天程处长多次技术指导，市史志办季胜林、李迎春、范宇明等主任多次现场指导。刘建国主编及编纂人员两次采访古现王氏家族及王懿荣研究专家吕伟达老师和鲁菜研究专家陈学真教授，两次采访王懿荣纪念馆，多次走访探求古现王氏故居和落山坡王氏古墓地，探察凤凰山、黄金河，查寻牟子国古城，从而掌握第一手资料。志书三改篇目，四易其稿，至2017年4月28日呈送山东省地方史志办公室终审通过，报送中国名村志丛书编纂委员会办公室。

在志书编纂过程中，得到了中指办、省史志办、市史志办、烟台开发区工委组织部、古现街道办事处的大力支持和帮助。《古现东村志》的编纂出版，是上级史志部门正确领导的结果，是特邀专家和全体编纂人员共同努力的结果。在此谨向为《古现东村志》付出心血的领导、专家和各界人士致以崇高的敬意和衷心的感谢。

编纂一部精品佳志，是所有修志人员的夙愿。编辑人员为确保志书质量做出了不懈努力。由于志书横涉百科，而目前资料缺乏，加之时间有限、编纂水平有限，难免有疏漏或不当之处，敬请各级领导和广大读者批评指正。

编　者

2017年7月